新物种

刘 坤　陈颖颖 ｜ 著

中国人民大学出版社
·北京·

谨以此书献给伟大的定位之父：

艾·里斯和杰克·特劳特！

　　我认为"新物种创新"是任何企业都值得追求和实践的创新。长城汽车就是通过新物种创新战略，实现了从百亿元级到千亿元级的跨越式增长。

　　但是如何才能开创新物种呢？我在看到《新物种》这本书时非常惊喜，因为它蕴含了一套可落地性很强的发掘新物种的方法论，是对任何企业都适用的新物种创新指南。

——小鹏汽车总裁　王凤英

　　对长城汽车来说，定位理论让我们在 SUV 和皮卡领域取得了巨大的成功，并使我们成为绝对的王者。身处新时代，新物种战略对长城汽车成功打造坦克等品牌，实现向上突破，具有重要的战略启示。

——长城汽车 CGO　李瑞峰

《新物种》是产品创新者应该读的一本书。定位是任何产品和商业的起点。我经常看到很多产品经理和创业者在不具备定位视角和用户视角的前提下大谈技术。这本书以定位理论为基础,提出新物种战略,很有启发意义。

——悠跑科技创始人 李鹏

新物种战略是定位理论在中国本土化实践过程中形成的一套系统化的方法论,《新物种》一书有很强的实用性和可操作性。

——百洋医药创始人 付钢

《新物种》开创并系统性地总结了新理论,通俗易懂,案例鲜活。林清轩正是通过开创新物种"山茶花修护精华油",引发了全行业以油养肤的新热潮,实现了战略增长。

——林清轩山茶花护肤创始人 孙来春

企业如何在新细分品类中寻找新机会,并成为消费者心智中的领导品牌?《新物种》一书给出了系统的方法。该书在定位理论的基础上,结合商业环境的新变化,详尽地阐述了企业在不同阶段如何发现新机会,打造新物种。《新物种》能够帮助那些初创或处于转型期的企业,在复杂的市场环境中,厘清赛道,少走弯路,值得每一位经营者学习借鉴。

——桃李面包总经理 吴学群

随着互联网和数字技术的不断发展，新物种时代到来，定位理论也在升级发展。在这样的背景下，《新物种》的问世恰逢其时，能为企业打造品牌提供重要的指导。从 2011 年开始，老乡鸡通过正确的定位从安徽的鸡汤小馆发展到现在全国上千家快餐店。在新物种时代，老乡鸡也非常重视数字化新技术在企业经营中的探索和实践，比如外卖、会员、直播、元宇宙等，努力为新物种时代的消费者提供更好的服务和体验。把握新物种时代的特征，深入研究《新物种》，可以为我们带来更多的思考和启示。

——老乡鸡餐饮创始人兼董事长　束从轩

《新物种》系统阐述了科学打造新物种的方法论，而且系统地将定位思维与互联网思维相结合，是一本适合新时代的讲述战略定位方法论的著作。

——分众传媒创始人　江南春

作者熟谙定位理论，又有多年的品类战略实战经验。师承有源，分化无边。他们将新物种从源头抽丝剥茧，将定位理论推进到了一个新高度。

虽然《新物种》仍然是基于"To C"类的生活快消品市场，但作者没有照搬定位理论中的老套案例，而是全面转向互联网思维，触角已及高科技领域，如无人驾驶、人工智能、区块链、元宇宙、ChatGPT 等。同时，咨询方法也更加人文与科学，理论逻辑非常清晰。

——海马集团董事长　景柱

《新物种》是两位老师多年辅导多家新物种行业领导品牌企业的聚精之作。在快速变化、竞争激烈的时代，这本书值得品牌企业主带领团队一起阅读学习。正确定位，成为第一！

——高梵品牌创始人　吴昆明

《新物种》用 10 章 200 左右页的内容凝聚了战略定位的核心理论和当下最新的新物种案例，让我很受启发。书中提到的不少负面经营案例和定位禁忌恰是我们正经历的当下。

——罗莱家纺副总裁　王梁

《新物种》是非常好的定位方法论，新颖、有干货！建议读两遍以上。

——小狗吸尘器创始人　檀冲

出差回来，拿起刘坤和陈颖颖的《新物种》随手翻了起来，没想到居然爱不释手。特别是第五章和第六章对我触动颇大，于是马上安排同事一起学习。正所谓"奇文共欣赏，疑义相与析"。

——橡鹭科技联合创始人　郭庆（老 K）

作为定位理论的新发展，《新物种》从实践中得出了当代企业持续增长的方法论，即不断创造差异化的新物种并成为新物种的领导者。在市场竞争日益激烈的今天，这对中国企业规划、定位和执行自己的企业战略，具有极强的指导意义。

——久盛地板董事长　张凯

《新物种》无论是理念还是方法论都非常先进、实用，在回归经典定位理论的同时，有自成一体的思维体系和观点，且行文风格新颖。最可贵的是《新物种》收录了很多传统定位理论未涉及的新案例，对定位理论深度本土化意义重大。

——酣客酱酒创始人　王为

　　定位理论自 20 世纪 70 年代开始成为全球经典的战略理论，战略定位咨询更是在中国市场成为咨询界收费的天花板。两大定位之父艾·里斯和杰克·特劳特联袂推出了《定位》《商战》《22条商规》等经典定位著作。两位大师在分道扬镳之后，又各自在定位领域持续推动理论的迭代和发展。其中，艾·里斯开始思考品牌背后的底层逻辑，以及早期定位理论所无法解释的一系列失败案例。在这一思路的指引之下，艾·里斯相继推出了《聚焦》《品牌的起源》等一系列更具深度的著作。其中，《品牌的起源》更是揭示了商业界品牌发展的一个根本性规律——品类是品牌背后的关键力量，品类是冰山，品牌只是冰山的一角。艾·里斯在这本书里给出了企业实现持续增长以及小企业成为第一的战略方法。

　　品类究竟有何独特的商业魅力和战略价值？回顾定位理论

的整个发展历程，20世纪70年代的定位理论解决的核心问题是品牌如何在极度竞争的大传播时代，率先占据消费者的心智。在定位概念提出之前，RCC公司的前身即艾·里斯广告公司（Al Ries Advertising）便形成了一个独有的营销理念——当时被定义为"岩石"（rock），即每个品牌都应该在潜在顾客的心智中形成一个无可辩驳的概念，这个概念应该像岩石一样不可动摇，这也是定位这一概念的早期含义。在提出定位之前，当时的广告领域主要被三个流派所统治。第一个是以罗瑟·瑞夫斯为代表的独特销售主张，即每个品牌都应该蕴含一个独特的产品卖点。第二个是以威廉·伯恩巴赫为代表的创意为王。核心理念是，广告犹如黑夜下行驶的船，如果没有创意将无法被看见，而一个优秀的创意可以让广告的传播效果提升十倍。第三个则是以大卫·奥格威为代表的品牌形象论，即品牌的每一个行为都应该试图建立一个形象，品牌应该有人格、年龄、性别、价值观。

定位与以上三个观念（流派）都不一样，定位关注的既不是创意本身，也不是产品本身，而是竞争的终极战场——消费者的潜在心智。而消费者心智中有很多位置，有些是空缺的，有些则被某些品牌占据。如果你是第一个占据这个位置的品牌，那么你就很难被移开。这也是"position"这个词的最早含义，即占据一个空位。如果你不是第一个进入消费者心智的品牌，定位还有第二个法则——对立，就是站在领导者的对立面，成为第二品牌。宝马、百事可乐都是非常经典的采用对立策略的案例。

如果你不是数一数二的品牌，那你还有机会吗？事实上，绝大多数企业或品牌都不可能第一个进入市场。那么，如此众多的小企业、小品牌，就真的没有机会成为第一了吗？当然有机会，但是很难，除非你运用第三个法则，即品类。品类是商业界的物种，正如自然界一样，品类也在不断分化和进化。比如50年前一个美国小镇的咖啡店出售各种各样的商品，但今天每个品类都诞生了全球性品牌，比如咖啡里的星巴克、汉堡包里的麦当劳、比萨里的棒约翰、三明治里的赛百味等。这就是分化的力量，分化带来了建立新品类的机会。

尤其是，几乎每个新品类都被新势力品牌所主导，这正是中小企业——也是最具活力的商业群体——成为第一的最大机会：开创并主导一个新品类。尽管最近几年某些头部的定位咨询公司几乎不使用品类这个概念，但在我们看来，大多数品牌成功的背后都有新品类的影子，比如，瓜子二手车直卖网、猿辅导在线教育、小仙炖鲜炖燕窝、红豆零感内衣、奥康运动皮鞋等。新品类已经逐渐成为新锐品牌崛起的关键力量。如今，定位也不再仅仅是找一句"怕上火喝王老吉"这样的广告口号，而是如何聚焦品类、取舍品类、定义品类、设计品类、主导品类等。这也意味着，定位理论已真正上升到企业的战略层面，而不再仅仅是营销或者传播的范畴。

　　品类的概念让定位理论真正能够被更多的企业所运用和实践，从而定位不再仅仅是头部企业的专属武器，更是众多小企业从 0 到 1 跨越鸿沟，甚至后来居上成为第一的战略工具。笔者此前所在的定位咨询公司，已经开始将品类创新作为自己的核心战略，并在品类创新上积累了大量的实践和方法。我们沿着品类创新的道路，希望推动定位理论和定位战略进一步发展，尤其希望能够使定位理论更加适合互联网时代以及超级技术时代的商业环境和时代背景。

　　本书是笔者基于多年的品类创新实践和理论研究基础，并结合互联网及其他超级技术时代的新变化，所整理、总结的新物种战略方法。希望本书的推出能够让更多创业者、创新者少走弯路，更好地把握企业内部创新，实现企业的商业化、品牌化和长红化。虽然每个具有活力的成长性企业都很不起眼，正如笔者所成立的咨询公司的名字——战斗蚂蚁，但是小蚂蚁也能够举起大未来。

刘　坤　陈颖颖

2023 年 5 月 10 日于上海

目录

// 第一章 //

从定位时代到新物种时代

定位战略作为成为第一的战略理论，经过数十年的发展和实践，已经发生了巨大的革新。然而，很多定位理论的初学者，常常误读定位、误用定位，以为定位就是找一个传播概念，然后广告轰炸，抢占消费者的心智。这既不符合超级技术时代的营销环境，也不适用于大多数中小企业、初创企业。定位理论似乎被牢牢地定在了 20 世纪 70 年代的定位口号上。进入 21 世纪，定位理论和定位战略需要被重新定义。

进入 21 世纪，互联网作为最重要的发明，开启了商业界新物种大爆发的新纪元。一大批新消费品牌凭借电商和短视频快速崛起。在最近几年的天猫"双 11"榜单上，大量新品牌屡登榜首。仔细追踪这些新消费品牌的成长轨迹就可以发现，新物种成为它们崛起的关键力量。比如拥有互联网基因的元气森林就是打造新物种的顶尖高手，元气森林正是凭借零糖气泡水、外星人电解质水、乳茶（见图 1-1）等一批新物种才成为估值上百亿美元的独角兽企业。

如今，互联网不再是大品牌收割销量的平台，而是小企业、创业企业进行物种创新的超级实验室，也是 ubras、三顿半、完美日记等一批新兴企业从蚂蚁走向大象的战略起点。如果说 20 世纪是定位时代，那么 21 世纪一定是新物种时代。

图 1-1　元气森林的主要产品

1.新物种：企业持续增长的密码

我们在里斯战略定位咨询工作时，就常年追踪和研究成长型企业，试图破解企业持续增长的战略密码。2022 年 6 月 21 日，里斯战略定位咨询在发布的《中国上市企业持续增长的力量：品类创新研究报告》中，通过对 6 721 家中国上市企业 2016—2020 年的数据进行追踪，发现仅有 2 042 家企业保持 5 年连续增长，"持续增长企业"仅占 30.4%。其中，能够连续跑赢当年 GDP 增速的企业仅有 1 251 家，数量不到二成。上市企业作为企业界的翘楚，也面临巨大的增长压力，而如何保持持续增长已经成为今天中国企业的第一战略难题。

　　然而，当我们把目光锁定在那些持续增长的冠军企业，如"持续增长冠军企业 TOP100"身上时，我们又有新的发现：近六成持续增长冠军企业的增长动力来自开创并占据新物种（见图 1-2）。这些新物种不但成为企业营收的重要组成部分，也是企业增长的重要来源。据统计，新物种为这些持续增长的冠军企业带来了超两万亿元的营收规模，一个新物种平均可以再造三个百亿元级的企业，新物种已成为企业增长的支柱力量。

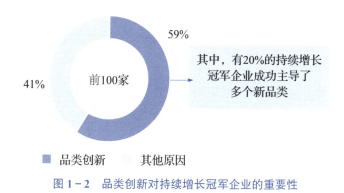

图 1-2　品类创新对持续增长冠军企业的重要性

2. 新物种：蚂蚁扳倒大象的利器

　　大企业在资金、人才、技术、渠道等各方面都要领先于中小企业，那中小企业应该如何获得生存空间呢？如果是在原有的战场上，按照兵力法则，一定是大企业获胜。中小企业如果不想一辈子打游击战，甚至想要扭转战局，成为新的领先企业，就必须创造新物种。事实证明，很多伟大的创新都源自小企业。小企业如果想在消费者的心智中占有一席之地，最好的方式就是开辟一个全新的战场。换个战场恰恰是为了挑战大企业强势背后的弱势，因为船大难掉头。比如抖音：第一个做分发短视频，最早增加滤镜功能，让用户不用化妆也能美美地上镜，降低了用户发布视频的门槛。凭借这些创新，抖音快速成为短视频领域的第一。腾讯作为当时数一数二的互联网大厂，即使投入了巨大的流量资源以及现金资源，微视也很难追上抖音。就好比赤壁一战，曹操坐拥二十余万（号称八十万）精兵，骑兵、步兵无人能敌，但却因为不善水战而被孙刘联盟的五万盟军所击败。

相比大企业，小企业做新物种有三胜：一胜在于机制灵活，看好就上；二胜在于孤注一掷，置之死地而后生；三胜在于顺应消费者"喜新厌旧"的特点。而大企业则有三败：一败在于机制僵化，不敢第一个吃螃蟹；二败在于"孩子太多"，创新业务很难获得充足的养分；三败在于老瓶装新酒，新业务在旧土壤容易水土不服，品牌认知、企业文化都可能成为绊脚石。正如马云所说，很多人一生输就输在对新生事物的看法上：第一看不见，第二看不起，第三看不懂，第四来不及。

所以，新物种绝对是小企业成为第一的最佳战略路径，但绝非短期赚钱的捷径，而这恰恰也是新业务不会面临快速封杀从而能赚取足够战略窗口期的关键原因。你如果有远大的理想，那么就要走出"追风口、跟着跑"的游击战模式。拥抱新物种吧，这是你唯一的希望！

3. 新物种：超级技术时代的定位之道

如今，我们正处于一个超级技术时代，比如5G通信技术的快速发展、人工智能技术的快速迭代、物联网的加速普及、区块链去中心化架构的不断成熟等，我们的世界正在快速走向虚拟化。与之相对应，企业和品牌的营销和创新环境与过去相比也发生了翻天覆地的变化。许多曾经的经典营销理论或者过去百试不爽的营销法则，现在也越来越受到挑战。以经典的4P（产品、渠道、价格、促销）营销理论中的渠道为例：分销网络在过去是很重要的营销要素，但在互联网时代，层层的中间商已经被电商取代，许多传统企业被迫从零开始学习新零售知识。

超级技术最大的一个特点，就是进一步加剧了信息爆炸的程度。未来，只有那些能够清晰代表一个物种的品牌才能存活良好。同时，超级技术也让品牌的打造周期大为缩短。在最近三年天猫"双11"榜单中，63%的上榜品牌从开店到上榜不超过五年，其中，26%的上榜品牌从开店到上榜不超过三年。一物种一品牌的企业发展模式，将会逐步取代多物种—品牌的企业发展模式。

同时，在超级技术时代，不同战略要素的比重也会发生变化，有些要素的作用会被放大，比如视觉、声音、文化、数据等。举个例子，在虚拟化的世界中，视觉审美竞争将空前激烈。品牌的格调和认知取决于品牌的视觉审美，而非产品本身，因此，过去基于传统货架思维的视觉设计逻辑将会被颠覆。不讲美感，只一味追求"抓眼球""土味"的超级符号将失去竞争力。企业和品牌亟须更新自己的视觉设计逻辑，应以符合战略和审美要求为新的设计标准。此外，由于媒体的去中心化以及数字时代的来临，广告轰炸式的定位打法也将日益受到挑战。

新物种战略是站在经典的定位理论的肩膀上，结合互联网时代的实战经验，同时着眼于超级技术时代的全新战略方法。

4. 本章总结

中小企业该如何对抗比自己更强大的大企业？大企业又该如何打破"创新者的窘境"，实现可持续增长？在超级技术时代，品牌应该如何脱颖而出？答案是：打造新物种。定位战略作为成为第一的战略理论，在过去数十年的发展和实践中一直在不断革新，而"新物种"则是定位理论在超级技术时代的最新发展。无

数企业的实践已向我们证明，打造新物种是中小企业打破大企业
垄断地位、扭转竞争格局的超级利器，让蚂蚁也能扳倒大象；同
时，打造新物种也是大企业打破"创新者的窘境"，不断开创第
二、第三曲线，保持持续增长的秘密法宝，让大象也能如蚂蚁般
起舞。此外，在品牌打造要素已发生巨变的超级技术时代，新物
种正是脱胎于全新时代、应对全新环境的全新战略方法。

本章点睛

从定位时代到新物种时代	
1	如果说 20 世纪是定位时代，那么 21 世纪一定是新物种时代
2	新物种是大企业持续增长的密码，让大象也能如蚂蚁般起舞
3	新物种是中小企业破局的超级利器，让蚂蚁也能扳倒大象
4	新物种是超级技术时代的定位之道

// 第二章 //

新物种时代的七大特征

在已经到来的超级技术时代，打造新物种的要素正在发生变化，一些具有前瞻性的新物种也开始崭露头角。根据观察、研究和实践，我们发现超级技术时代（新物种时代）有以下七个显著特征。

1. 视觉时代

从文字到视觉

视觉和文字谁更容易进入消费者的心智？答案是视觉。视觉是开启人类心智的利器：婴儿在学会认字之前，先学会识图。人类大脑进化的结果，是大脑对图像的反应速度要快于文字，对图像的信任度要高于文字，对图像的记忆度也要优于文字。

第一，引人注目。美国科学家曾做过一项实验，当我们把红绿灯换成文字"走""停""等"时，事故率会翻倍。为什么？因为大脑反应不过来。看到文字的时候人们需要点时间来反应，而看到图像是几乎不需要反应时间的，因为图像比文字更容易被大脑识别。

第二，眼见为实。中国有句古话叫"耳听为虚，眼见为实"。

当我们的眼睛看到的信息和我们的耳朵听到的信息出现矛盾的时候，我们的大脑会更倾向于相信我们的眼睛，因此图像比文字更有可信度。所以，我们做品牌时一定要运用好视觉的力量，因为视觉比文字更容易进入心智，是一个更好的传递信息的载体。

第三，易于记忆。图像和情感关联，而情感更容易留存于心智。当我问你上周三晚上吃的什么时，你还记得吗？但是如果我问你婚礼的那天晚上吃的什么时，你可能还记得。因为跟情感相关的图像更容易被心智记住。

智能手机的巨大渗透力和移动互联网的发展，让我们从文字时代进入图像时代，视觉的力量被史无前例地放大。从朋友圈到短视频，我们的注意力焦点都在视觉上，文字的力量已经被视觉极大地分化掉了。

从静态到动态，从二维到三维

在超级技术时代，对视觉的理解不能仅仅停留在图片上，你会发现，动态视觉，甚至数字 IP 已经成为建立品牌的新兴手段，乃至会引发新的商业机会。比如打开大众点评后，你会发现很多餐厅的头像都换成了动图。一边是静态图片，一边是美食动图，哪个更容易调动食欲？显然是后者。再比如前段时间大火的数字 IP，某些 IP 甚至到了奇货可居的地步，这在平面媒体和电视媒体主导的传播时代是无法想象的。

同时，在虚拟化的商业世界中，视觉将会成为品牌最主要的

"脸面"。可以说，视觉决定了品牌的格调和消费者的认知，视觉审美竞争将空前激烈。从近几年的 B 站晚会就可以看出，年轻人的审美已经超出了很多人的想象。很难想象今天如果一个品牌被打上"老土"的标签，它将如何俘获年轻人的心。所以，每个品牌从产品设计到品牌形象都需要提升审美，否则无法在颜值为王的新时代站稳脚跟并赢得新群体。

2. 声音时代

人类不仅是视觉动物，还是听觉动物。最近几年，全感官营销就被频繁提及。实际上，在人类的各种感官中，视觉和听觉更具有广谱应用场景和发展潜力。声音是一种重要的营销工具，一方面，它具备强制性。人们可以选择不看某些画面，只要移开目光或者闭上眼睛即可，但是我们很难选择不听某种声音，因为我们无法关闭听觉，除非刻意捂上耳朵或戴上耳塞。另一方面，声音，尤其是带韵律与节奏的音乐，可以直接作用于人类的右脑，触发人们的情绪、记忆，甚至动作。早在电视广告时代，很多成功品牌都有类似的声音签名，比如宝马的发动机轰鸣声、摩托罗拉手机的开机铃声等。如能运用好声音，品牌进入消费者心智便会事半功倍。如今，我们已进入超级技术时代，在越来越虚拟化的世界里，声音的感官刺激作用将会被进一步放大。当下，我们已经步入声音时代。在声音时代，每个新物种和品牌都应该打造一个专属的声音符号。

从旋律到符号

专属声音符号可以提升品牌进入消费者心智的效率。当然，一个优秀的声音符号不仅要独特，最好还要与新物种和新品牌的定位相结合，比如宝马的发动机轰鸣声就是其终极驾驶机器定位的一个声音演绎。所以，这类声音符号应该是我们发展的重要方向。你的品牌有声音符号吗？

3. 场景时代

互联网人特别喜欢谈的一个关键词就是"场景"，场景分化和场景优化是互联网为新物种时代打造的一个重要方向。

场景即物种

最近我们在和百洋医药的创始人交流时，发现他对场景有个非常吸引人的观点——场景即品类，即品类创新本质上就是场景优化和场景分化，场景模糊即伪品类。他发现很多医药品牌虽存在很多年，也有一定规模，但是并没有真正融入患者心智中的医疗场景，只是一直被医生开处方，也就是没有能够主导一个独立的边界清晰的品类。这种品牌到了百洋医药手上，百洋医药会将其医疗场景界定清晰，然后品牌将重新获得发展空间。

　　的确，场景已经成为新物种起步和做大的一个重要路径，比如：燕麦奶品牌噢麦力（Oatly）从咖啡场景切入，王老吉从火锅烧烤场景切入，智能手机从拍照场景切入，等等。在微观上，场景创新也可以指引产品设计。比如汽车领域，很多功能在开发上如果无法对应一个清晰的场景，就是无效的功能，就不是真正的创新，只能算是堆砌式创新。除了增加成本和把产品变得更加复杂之外，别无用处。

　　品牌在起步时要找准场景，而要做大就得分化和优化场景，比如抖音、美团、微信都在持续做场景的优化和裂变。在不违背定位的前提下，场景的分化可以启动品牌的飞轮效应，实现新物种的快速发展。从这个意义上讲，场景是重要的新物种来源，场景可以作为新物种洞察、新物种检验和新物种起步的重要手段。

4. 亚文化时代

　　在超级技术时代，地域的限制被打破，群体可以通过互联网自由重组，其带来的一个重要影响就是亚文化的蓬勃发展，比如二次元、汉服等。在现实世界中相对非主流的小众文化爱好者，如今可以轻松地在虚拟世界中找到共鸣和同类，继而形成亚文化群体。亚文化的蓬勃发展给很多新物种带来了巨大商机，比如成功出圈的 B 站就集结了一大批二次元的新兴文化群体。据说，目前社会上有几十种新兴亚文化，而这一数字还在持续攀升，这意味着亚文化将持续地分化，也将诞生一批新的商业机会。你如果正在试图打造新物种，不妨将某一个亚文化群体作为突破口。在超级技术时代，世界是平的，你哪怕抓住了一小撮人，收获了一批忠实的拥趸者，对你而言他们也将产生巨大的商业价值。

从抢占心智到文化认同

通过深刻理解亚文化群体的文化属性，亚文化不仅可以为我们带来创造新物种的机会，还可以帮我们拉近与用户的距离——从走进用户的心智到走进用户的心里，从被需要变为被喜欢。在新物种时代，只有能够与用户产生精神共鸣的品牌才会更容易胜出，因为品牌不再是高高在上和遥不可及的。移动互联已经让品牌变成用户可以实时触及和互动的一个载体，品牌的价值观、文化都将深刻影响用户的感受和满意度。这既是最近几年价值观营销、文化营销被重新提及和重视的原因，也是内容营销和私域运营拉开差距的一个重要分水岭。比如，战斗蚂蚁的一个价值观是"绝不迎合客户"，因为咨询和服务有着本质的区别：咨询是给客户提供正确的建议，而服务是为客户提供其喜欢的东西。实际上，战斗蚂蚁更像是一家"脑科医院"，本着科学客观的原则为客户解决战略问题，而不会一味迎合客户的偏好，哪怕失去这单生意也是如此。实践证明，我们的价值观赢得了很多客户的认同，这也是战斗蚂蚁赢得企业家尊重的重要原因之一。

5. 大数据时代

互联网的发展让我们常常觉得自己没有隐私，但可以预见的是，互联网和大数据还将进一步渗透至我们生活的方方面面，物联网将会让几乎所有的线下行为"线上化"和"数据化"，大数据将会比我们更了解我们自己。具体到商业领域，是否拥有数据以及解读数据的能力将成为商业竞争的关键力量。

从假设到实证，从手艺到科学

我们所处的咨询行业已经深深感受到了数据的力量，传统调研方式越来越受到挑战：第一，"主观性"，比如结论很容易受到主观假设的左右；第二，"失真性"，比如样本造假或者消费者胡言乱语、心口不一；第三，"片面性"，比如样本量有限，说服力不强；第四，"滞后性"，比如无法满足互联网产品快速迭代的需要。这些问题和矛盾在新时代越发突出。

但大数据可以很好地帮我们洞察消费者行为。我们经常说，消费者所说的未必是他们所想的，但消费者所做的一定是他们内心的真实投射。简言之，消费者行为是我们探究真相最真实可靠的途径，而大数据正好可以还原消费者的决策行为。大数据在新时代的物种打造上会体现出巨大的优势，比如洞察新物种机会、检验新物种潜力、验证新物种设计等。任何企业和咨询机构如果无法在新时代充分掌握与挖掘数据，都将逐渐被时代抛弃。

掌握数据就是掌握财富密码

当然，大数据也蕴含着巨大的商业潜力，掌握了数据就是掌握了财富密码。马斯克收购推特在我们看来就是为了掌控数据，有了数据就可以发展人工智能以及获取由此衍生的新的商业价值。为什么马斯克要把一个好端端的高端品牌拉下来？要知道走高端路线可是所有自主车企的梦想。这是因为在未来汽车将不再是一个简单的代步工具，而将成为仅次于智能手机的第二大移动智能终端。这背后的数据价值和互联网生态价值极具诱惑，这也是互联网巨头纷纷入局造车的重要原因之一。如果你正在设计一个新物种，那么千万要重视数据的商业价值和潜力。

6. 高科技时代

超级技术时代是高科技大爆炸的时代。我们从近几年大国间的博弈中就可以看出，高科技时代已然来临，高科技将成为新时代全球争夺的绝对制高点。进入 21 世纪，很多超级技术接踵而至，让人应接不暇，有些我们甚至来不及定义。对此行业内众说纷纭，各执己见。下面我们举几个近几年兴起的热点高科技例子，如果你正打算创业，不妨从这里面寻找新物种机会。

第三代互联网平台

自扎克伯格把 Facebook 改名以来，元宇宙就成为大家的热议话题。元宇宙最大的颠覆性潜力不是其炫酷的虚拟现实应用，而是其有可能成为第三代互联网平台。我们知道，从 PC 时代到移动互联时代，互联网平台的变革引发了行业格局的变化，大量新物种、新巨头崛起。所以，元宇宙如果被定义为第三代互联网平台，则有可能再造一批新的科技巨头。届时，引领行业的又将是谁呢？

新一代人工智能应用

ChatGPT 把人工智能再次引入大众视野。可以说，人工智能技术尽管发展多年，但引发全球如此大范围的讨论，好像还是首次。ChatGPT 最大的特点就是"千人千面"，它让我们切身感受到了人工智能有可能带给我们的巨大便利。作为新一代人工智能技术，ChatGPT 未来极有可能在智能搜索、智能助理、智能教育、智能营销、智能电商等领域带来新的变革，甚至颠覆现有的平台和巨头。面对 ChatGPT，你所在的行业做好准备了吗？

无人驾驶汽车

无人驾驶汽车也是笔者最为期待的一个新物种。我们常年追踪汽车行业，之前曾服务国内某领先车企长达 12 年。在我们看来，无人驾驶技术将开启汽车的新物种爆发时代，一个重要的原因就是当无人驾驶技术解放了双手，很多新的汽车场景将真正成为可能。比如商务车将会被重新定义，现在的多用途汽车（MPV）顶多算是一款更加舒适的汽车，而非真正的商务车。而无人驾驶时代的商务车有可能实现移动办公、移动会议等真正的商务功能和商务场景。届时，汽车将真正成为一个移动空间，我们在室内的很多场景都有望被搬到汽车上，比如音乐厅级别的汽车、电影院级别的汽车。你是不是也想拥有一辆无人驾驶汽车呢？

7. 去中心化时代

从区块链到 Web3.0，其核心都是一个关键词——去中心化。这似乎已经不仅仅是商业应用上的创新，而是一次理念上的甚至制度上的巨大革新。去中心化对建立品牌而言，其首要意义在于传统品牌的大伞式发展模式有可能走到尽头，大而全的巨无霸式的品牌将被极大削弱。随之而来的，则是众多细分新物种的快速繁衍和发展。

从赢家通吃到百花齐放

其实，无论是天猫还是抖音都已开始大量扶持新锐品牌，平台也并不鼓励大品牌赢家通吃，从而通过增加产品类目获取流量的做法将不再奏效。比如某坚果领导品牌曾在几年间通过延伸近百个产品类目而快速做到百亿元规模，但随之而来的挑战则是平台去中心化式的算法导致品牌在每一个细分类目中都不被优先推荐，不仅品牌发展很快陷入瓶颈，而且品牌在各个细分类目上都开始遭遇新锐品牌的冲击和分化。大品牌所遭遇的上述窘境正是去中心化时代的一个重要缩影。

与此同时，我们也需要将去中心化的理念植入品牌的基因之中，过去品牌高高在上的形象需要被重绘。今天，每一个用户都需要被尊重和平等对待，品牌在和用户的沟通中要尽可能地拉近与用户的距离，而不是刻意制造神秘和高不可攀。

总之，大象的时代已经过去了，在去中心化时代，蚂蚁们的春天已然来临。

8. 本章总结

在上一章中我们讲了，在超级技术时代，营销与创新的要素正在发生变化。在本章，我们总结了超级技术时代（新物种时代）的七个特征。其中，第一个和第二个特征指出了我们在新物种时代打造品牌的要素变化，第三到第五个特征指引了创新方式的变化，第六和第七个特征则说明了新物种迎来春天的背景。具体来看：第一，新物种时代是视觉为王的时代。视觉对于品牌的打造将比过去更为重要，在趋于虚拟化的超级技术时代，视觉将成为品牌最主要的"脸面"，直接决定了品牌的格调与认知。第二，新物种时代是声音的时代。除了视觉，声音也将成为影响品牌打造的另一个重要要素，声音的感官刺激作用与过去相比将会被进一步放大，拥有声音符号的品牌将更容易胜出。第三，新物种时代是场景时代。场景可以作为新物种洞察、新物种检验和新物种起步的重要手段。第四，新物种时代是亚文化时代。因为超级技术会带来亚文化的蓬勃发展，而亚文化将给品牌营销、物种创新带来巨大的机会。第五，新物种时代又是大数据的时代。未来，解读数据的能力将成为商业竞争的关键力量。第六，新物种时代是高科技的时代。科技大爆炸将给无数物种带来创新机会。第七，新物种时代还是去中心化的时代。过去强者恒强的马太效应会被削弱，而懂得正确创新的中小企业将迎来春天。

本章点睛

新物种时代的七大特征		
1	视觉 时代	● 视觉是开启人类心智的利器 ● 视觉竞争的趋势：从二维、静态向三维、动态发展 ● 在趋于虚拟化的商业世界，视觉将会成为品牌最主要的"脸面"，决定了品牌的格调与认知
2	声音 时代	● 声音是一种重要的营销工具，在超级技术时代，声音的感官刺激作用将会被进一步放大 ● 一个优秀的声音符号不仅要独特，最好还要与新物种和新品牌的定位相结合
3	场景 时代	● 场景即品类，场景模糊即伪品类 ● 场景可以作为新物种洞察、新物种检验和新物种起步的重要手段
4	亚文化 时代	● 超级技术将带来亚文化的蓬勃发展 ● 亚文化给品牌营销、物种创新带来了巨大的机会
5	大数据 时代	● 大数据对我们的生活还将进一步渗透，在未来是否拥有数据以及解读数据的能力将成为商业竞争的关键力量
6	高科技 时代	● 超级技术时代是高科技大爆炸的时代
7	去中心 化时代	● 超级技术时代是去中心化的时代，是蚂蚁的时代

第三章

新物种的起源

现代管理学之父彼得·德鲁克说，企业的存在有且只有一个目的，那就是创造顾客。而创造顾客有两大抓手，一是创新，二是营销。企业只有把创新与营销相结合，才能创造顾客。如何把创新和营销相结合？从我们过去十多年的观察与咨询实践来看，答案就是：打造新物种。

　　何为新物种？福特汽车的创始人亨利·福特曾经说过一句经典的话："如果我问顾客想要什么，他们会说要一匹更快的马。"为什么说要更快的马呢？因为那个时候大家都是用马拉车，人们根本不知道什么是汽车。强大的品牌通常起源于打造新物种，而新物种的本质就是创造需求、引领需求。没错，我们要做的不是如何更好地满足需求，而是创造新的需求。太多的事实告诉我们，依靠更好的产品、更好的卖点是无法取胜的。添可吸尘器对标老大戴森，技术做得比戴森还要好，可结果一年亏了一亿多元，而戴森依旧是吸尘器领域的老大。添可于是转变战略方向，开创了一个新物种——洗地机，一下子就成为洗地机品类的领导者。同样地，如果字节跳动想对标腾讯的微信，那也不会有现在的短视频第一股；巴奴如果没有开创毛肚火锅，而是跟海底捞在服务上拼个你死我活，也就没有翻台率700%以上的亮眼数据。与其苦恼怎么比别人做得更好，倒不如打造新物种，直接创造需求、引领需求。

1. 新赛道不等于新物种

新物种：心智中的新赛道

企业做业务规划的第一步通常是选择赛道，但仅仅把焦点放在赛道上还远远不够，因为赛道仍然是一个行业中的宽泛概念。比如，新能源汽车是个新兴赛道，但你如果仅仅把创业的目标锁定在新能源赛道，则不仅无法抓住品类红利，甚至有可能将之变成灾难。比如恒大正是因为没有弄清新能源赛道中真正的物种机会，盲目出击才遭遇重挫。反观长城汽车的欧拉，则把焦点锁定在"女性电动车"物种，从而避开了竞争的红海，在女性市场一枝独秀。再比如，农夫山泉的成功让大量企业挤破头想进入瓶装水市场，但大都无功而返甚至亏损几十亿元，也是因为它们没有看清瓶装水的真正的物种机会。反观今麦郎凉白开则通过开创"熟水"新物种，成功开辟了一个新战场，撬开了瓶装水的市场。从我们的实践来看，找准"物种"，是创业者和企业家常常面临的最大挑战，也是最重要的战略课题。毕竟方向错了，战术再好也只会南辕北辙、错上加错。而且，从用户思维出发，很多赛道概念都是行业概念，并非用户心智能理解、能存储的物种概念。比如智能可穿戴设备，pda 就不如"智能手环""智能手机"好理解。一个物种概念如果无法进入用户的心智，也就很难逾越创新的鸿沟。

新物种：也可以是精神品类

定位理论创立之初，针对当时大行其道的品牌创意论和品牌形象论进行区隔竞争，提出品牌应该力求在潜在用户的心智中占据一个独特的位置，为此需要一个客观的无可辩驳的概念。定位理论的这条成功法则成为后来最具争议的观念之一。

创造新物种是否只能、只需围绕客观的理性概念出发？当然不是。品牌的背后是物种，物种的背后是需求。需求既有物质需求，也有精神需求。物质需求一般对应的是功能物种，比如瓶装水、方便面、马克杯满足的是我们的功能需求；而精神需求对应的则是精神消费，比如收藏品、艺术品、脱口秀、音乐会、各种情绪类产品等。即便是我们所熟知的功能物种，也有可能重新定义成精神物种。比如保温杯，如果我们把它设计成 20 世纪 90 年代的搪瓷杯的样子，那么它的消费者就有可能是具有怀旧情怀的"70后""80 后"，它的卖点不是功能，而是怀旧——一种时代的印迹。

今天，"Z 世代"的年轻人更强调内心感受和注重精神世界。在新时代的消费背景下，精神需求隐藏着大量的新物种机会，能够给客户创造惊喜感的新物种也将更具竞争力。比如现象级品牌"超级文和友"（见图 3－1）卖的就是一种精神体验。我们去超级文和友，难道单单是为了吃臭豆腐吗？不是的，我们"吃"的是复古的情怀。超级文和友正是通过满足消费者怀旧、复古的精神需求而被追捧。可口可乐在 2022 年上海新冠疫情期间之所以可以成为硬通货，也是因为其"快乐肥宅水"的精神特性，从而成为被封控在家的人的一剂精神食粮。再比如泡泡玛特可以成为估值百亿元的独角兽企业，也是因为它开创了年轻人的收藏品这一精神品类。

图 3-1　位于长沙的超级文和友

如果 20 世纪是功能品类的时代，那么 21 世纪将是精神品类蓬勃发展的时代。不管是高科技产品还是消费品，只要能够解决某一类用户的某一类精神需求，就有望脱颖而出，成为新时代的宠儿。如果说 20 世纪 70 年代的定位理论打开了认知世界的大门，那么精神物种的发现则进一步将品类从物理世界延伸到了精神世界，这将会开启另一扇创造新物种的大门。

2. 新物种的性状隔离

自然界中的生物有一个叫性状分歧的发展规律，就是物种和物种之间从外观到习性会趋于分隔，而不是相似。同样，在商界，新物种存在的一个必要前提就是具备显著的特性差异和外观差异，即"特性隔离"和"外观隔离"。新物种必须"看起来"和老物种不一样。

特性隔离

适者生存是自然界的基本竞争法则。很多自然界的新物种能够长期存在一定是因为它适应了某种新型的自然条件或者竞争环境。很多创业者经常问我们对某个新产品怎么看，此时我们一般会先问他们一个底层问题，如果对方能非常好地回答这个问题，那么这个新物种就至少成功了一半。

这个底层问题就是"解决了什么旧问题，创造了什么新价值"。正如彼得·德鲁克所讲的，企业生存的目的就是创造顾客，而新物种正是为企业开辟新需要、创造新顾客服务的。这是决定一项创新是否具有客户价值，是伪需求还是真需求的一个关键拷问。比如 Uber 解决的是打车难的问题，元气森林解决的是碳酸饮料好喝但高热量的问题，ubras 解决了女士内衣不舒适的问题，戴森让大家更快更好地吹干头发，抖音则让大家看到了轻松美好的世界。

你的新物种是否解决了一个重要的问题、创造了一个新的特性，这决定了这个新物种是否能够成功。如果你定义不清，或者定义的这个问题无法打动用户，甚至是自己臆测的所谓问题，那么你就要重新思考新物种的起点。之前有个创业团队的一个创业项目叫"瑜伽元宇宙"，但是聊了半天，创始团队对"瑜伽元宇宙"到底解决了什么问题仍然没有一致的回答，那么这个新物种就很可能有问题。

外观隔离

自然界中，以猫科动物为例，老虎、豹子和猫分属于不同的物种，也因此具有不同的外观特征。这些外观上的显著差异可以让我们清晰地辨认不同的物种，而不至于混为一谈。商界的物种也是如此。以汽车为例，电动车和燃油车属于不同的物种，如果电动车的前脸还是采用燃油车的中网，就不会给人耳目一新、眼前一亮的感觉。很多传统车企因为没有把电动车当成全新物种来定义和设计，所以大多采用和燃油车近似的外观，极大地削弱了产品的创新感。

再比如，喜茶作为芝士茶的开创者并没有选择与咖啡相近的杯型和材质，这让喜茶看起来更加与众不同，其产品的外包装时刻传递着我是新物种的信号。类似的正面案例还有很多，但也有很多企业忽视了外观对新物种打造的重要性，往往在内部做了大量的创新，结果却败在了新物种的"最后一公里"上，即产品外观。俗话说，酒香也怕巷子深，新物种也怕旧外衣。

3. 物种二象性

如同自然界里光具有波粒二象性一样（见图3-2，光既是一种波，也是一种粒子），商界里的强大物种也呈现出物理和精神的二象性。比如可口可乐的属性经历了三个阶段的变化，从最早的治疗感冒的药饮，到一款提神醒脑的功能饮料，再到如今被大家津津乐道的快乐之水。可口可乐正是通过对精神属性的挖掘，才得以不断延续其品类的生命力。再比如，事业有成的人购买的劳斯莱斯，既是一辆具有代步功能的汽车（功能物种），也成为人们高贵身份和社会地位的象征（精神物种）。

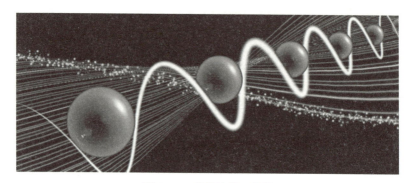

图 3 - 2　光的波粒二象性

为何王老吉成为不了像可口可乐一样的品牌？作为凉茶的代表，王老吉已经非常成功了，但是凉茶却开始走向衰落，因为凉茶这个物种缺少精神属性的加持。同样，很多物种领先者，比如三只松鼠、哈弗、格力等之所以无法继续扩大领先优势、垄断心智，都是因为缺乏二象性中的阴极——精神属性。在品牌成功之后，物理属性将很快陷入同质化竞争，领先者如果无法挖掘和定义物种背后的精神需求，甚至无法在用户心智中代表一种文化标签，将很难构建起强大的品牌护城河。

4. 新物种的演变

在自然界，物种若想保持生命力，就必须顺应生存环境的变化，通过基因变异完成渐变和突变。商界也是如此，新物种从诞生到婴幼期，到成熟进入主流市场，再到永葆青春，也要通过不断变异和迭代。比如，特斯拉在 2003 年诞生时生产的第一款车，是一辆价格高昂、极具科技感的电动超级跑车。但是为了进入主流市场，它变得更便宜、更大众。比如，日本的百年品牌龙角散。诞生之初，它是一种由三味中药制成的粉末，功能性非常强，但是服用便利性和适口性较差。为了进入更大的市场，它主动求变，分化出了一款功能性较弱，但是服用更为便利、口感也更好的润喉糖（见图 3-3）。如今，润喉糖占据龙角散一半以上的营收份额。再比如，可尔必思在诞生之初是一款调理肠胃的浓缩饮品，需要稀释后再饮用，非常适合家庭一起分享。但是随着日本小家庭甚至单身家庭的增多，可尔必思为了适应环境的变化主动变异，分化出了一款稀释好的、适合在便利店销售的瓶装可尔必思新物种，保持了品牌的持久生命力。

图 3-3　龙角散的分化

新物种持续变异的特点给我们带来至少两点启示：第一，传统的战略生成方式已经过时，战略的制定无法一劳永逸，只有持续迭代和变异才有可能适应新的竞争环境；第二，物种从诞生，到壮大，再到长青，往往需要通过持续变异来保持自身的竞争力。关于这部分内容，我们后续再具体展开。

5. 新物种的生命

商界的物种如同自然界的物种一样，也有生老病死。每个物种都有生命终结的一天，只是不同物种的生命周期有所不同。比如人的平均寿命在七八十岁，玻璃海绵的寿命可过万岁，而蜉蝣成虫的寿命只有几个小时到一周左右。选择了不同的物种，就意味着选择了不同的起飞角度和生命终点。一般而言，新物种从推出到遇到拐点一般需要七年，其中某些慢热型物种可能需要更长的时间，比如顾客决策风险相对高的一些物种，像母婴产品、医药类产品、珠宝类产品等。麦子妈的创始人告诉我们，预制菜在欧美做到 60% 的渗透率用了二三十年的时间，在中国发展了几年目前也只做到了 1% 左右的渗透率。与此同时，互联网超级技术也加速了很多新物种的起步和发展，催生了一批快热物种和黑马品牌，很多新消费品牌上市 2 ～ 3 年便打爆了市场（见图 3 - 4）。

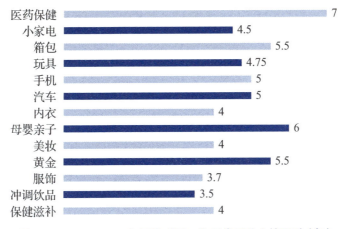

图 3-4 2019—2022 年天猫"双 11"品类平均上榜用时（年）

物种有快热慢热之分，同样也有长命短命之别。物种的创新者需要基于物种的成长特点和寿命潜力来正确配置资源：快热物种快速启动，慢热物种保持耐心，短命物种及早布局第二曲线，长寿物种则聚焦精耕。在每个物种的不同生命周期也需要采取不同的策略，比如导入期需要推广物种，成长期需要抢占心智，成熟期需要推动分化，衰落期需要物种改造或者发掘全新物种。总之，物种就像自然界的生命，需要按照事物的发展规律来设计策略和配置资源。

6. 本章总结

在本章，我们向大家详细介绍了新物种的起源以及新物种的特点。艾·里斯指出，品牌的背后是品类。而品类的背后，是需求。新物种的本质是新需求，而打造新物种的本质是创造需求以及引领需求。新物种不等于新赛道，赛道是行业中的宽泛概念，而物种则是用户心智能理解、能存储的概念，而且新物种也可以是精神品类。新物种成立需要具备两个必要条件：一是特性隔离；二是外观隔离。强大的新物种具有物理、精神二象性；而且，变异是新物种保持自身竞争力、适应新环境的重要方式。我们也要根据物种的生命规律来正确配置资源，设计战略节奏。

本章点睛

	新物种的起源
1	物种是商业竞争的最小单位，可以被清晰一致地定义。物种除了有功能物种，还存在精神物种。如果说 20 世纪是功能物种的时代，那么 21 世纪将是精神物种蓬勃发展的时代
2	新物种不等于新赛道，赛道是行业中的宽泛概念，而物种则是用户心智能理解、能存储的概念
3	新物种成立的两个必要条件，一是特性隔离，二是外观隔离。新物种相比老物种必须看起来不一样
4	就像自然界的光具有波粒二象性一样，新物种也应具有物理、精神二象性
5	持续变异是新物种从诞生到壮大的重要途径
6	新物种有快热慢热之分，也有长命短命之别

// 第四章 //

发现新物种

新物种既是企业持续增长的密码，也是蚂蚁扳倒大象的利器，更是超级技术时代的营销核武器。我们根据十余年的新物种实践，总结了"物种创新五步法"，包括发现新物种、设计新物种、推出新物种、裁剪新物种、做大新物种。

我们先从发现新物种开始。我们把常见的发现新物种的方法总结为"新物种八大来源"，分别是：按图索骥、旧物改造、物种嫁接、化繁为简、反向创新、心智移植、需求升维、数据淘金。

1. 按图索骥

利用旧地图也能找到新大陆

似乎没有人能真正预测未来，但企业的经营者和战略决策者必须尽可能地提高战略的确定性，尤其是在创新业务"九死一生"的现实面前，更需要想办法提高新品类的成功率。从我们的实践来看，预测未来最好的方式就是研究历史，正如彼得·德鲁克在《已经发生的未来》一书中所阐述的战略思想：我们需要尽可能梳理出品类发展的脉络，然后找出未来品类分化的路径。

在预判趋势上，最常用的方法是研究高阶市场的品类分化趋势，比如长城如何发现城市 SUV 的新物种机会？丰田和本田 20 世纪 90 年代在美国推出了基于轿车底盘的适合城市出行的 SUV，带动美国 SUV 市场一路高歌猛进，最终 SUV 超过轿车拥有超五成的市场份额。

德邦如何发现大件快递的机会？美国物流市场在过去几十年中呈现出零担物流快递化的品类趋势，这一趋势对零担物流之王的德邦来说提供了企业转型的重要战略路径，即从零担物流之王到大件快递之王。

桃李面包如何发现短保质期面包的新品类机会？日本的面包之王山崎面包"一日三配"的新鲜战略，成了桃李面包的绝佳参考范式。桃李面包凭借"快速配送带来的新鲜"，实现了企业和品牌价值的复利式增长，已经成长为中国面包第一品牌。

再比如今麦郎如何发现一袋半的新品类机会？日清方便面博物馆的方便面发展历程表明，历史上曾经出现过大量 1.5 倍容量的超级单品，这给今麦郎在县乡级市场的新品创新提供了重要的思路。

不仅实体行业，事实上，国内很多互联网创新也大多是"搬运"高阶市场的新品类，然后将其本地化，这种方式比凭空捏造、天马行空更具确定性。

寻找新物种实验室

除了参考高阶市场，另一个绘制族谱的方法是参考相近品类。比如，如何判断酸奶的分化？牛奶就是很好的借鉴。既然常温牛奶特仑苏可以卖到 100 亿元，低温酸奶理论上也具备常温化的潜力，于是单品销售额过百亿元的莫斯利安和安慕希诞生了。比如，既然露露乐蒙（Lululemon，见图 4 - 1）可以凭借聚焦瑜伽运动而崛起，那么沿着 Lululemon 的创新逻辑，登山、滑雪、骑行、徒步……这些运动品类里的 Lululemon 又在哪里？

图 4 - 1　Lululemon 门店

比如，对方便面行业，我们如何寻找新物种？面馆是一个最佳的实验室，红烧牛肉面、酸菜牛肉面、豚骨拉面、酸辣粉、螺蛳粉等新物种都来自线下面馆的招牌单品。再比如，对瓶装茶饮我们如何创造新物种？连锁茶饮提供了一个非常好的新物种实验室，水果茶、芝士茶等都具备瓶装化的潜力。同理，对预制菜我们如何确立新物种？特色餐饮是一个绝佳的参考对象。两轮摩托车将如何分化？汽车就是一个绝佳的实验室。

所以，尽管没人可以真正预测未来，但我们仍然可以通过历史来预见未来，即使无法正中靶心，也可以确保不脱靶。记住，历史是正在发生的未来。如果你想提高创新的成功率，那么就请深入行业的历史，相信你会找到答案。你真的仔细研究过你所在行业的历史吗？如果没有，那就立即着手绘制一幅物种家族图谱吧！

2.旧物改造

寻找创新业务并非一定要"向前"看，新物种也可以在旧物种的"废墟"上涅槃重生。最近几年，很多曾经红极一时但昙花一现的物种再次出现在大众视野，比如空气炸锅、益生菌饮料、电动车、瓶装奶茶等。为何要重视这些昙花一现的"过时"物种，因为这些物种既然能够红极一时，就说明它们一定都暗合了某种市场需求，只是产品老化或者口碑不佳导致产品逐渐偏离消费者需求，从而走向没落。但某种意义上，这些老物种至少存在明确的市场需求，是被验证过的商业机会，也因此，"旧物改造"比全新定义一个新市场在某种意义上更具确定性。

旧零件＋新技术／新概念

当然，"旧物改造"成功的关键在于一定要找到其衰落的根源，找到激活老物种的关键支点，然后实施改造和迭代。比如，奶茶被贴上了不健康的标签，如无奶、无茶、高热量，这个时候就需要对奶茶进行物种改造。元气森林就是改造物种的高手，它对奶茶进行了从头到脚的全新包装，不仅把蔗糖换成了果糖，降低了热量，而且把名字也改成了乳茶，刷新了认知。这就是重新定义产品的重要步骤。你不仅需要调整产品，更需要调整认知，二者缺一不可。再比如，越野车如今日薄西山，物种显现出老态龙钟的迹象，而长城汽车一改越野车做工粗糙、乘坐不舒适的痛点，推出了坦克潮玩越野，城市越野瞬间成为新的风口。

因此，历史的废墟中也常常隐藏着巨大的宝藏，每个企业家和创新者都可以按此思路，重新梳理出那些曾经辉煌的老物种，然后加以创新和改造，或许可以变废为宝。

物种重新归类

除了"旧零件＋新技术／新概念"，发现新物种的另一种方式就是对物种宗属进行重新归类。比如我们早期在某定位咨询公司服务青海省枸杞产业的时候，就发现了一个有趣的故事：当地有一种黑果，之前都是羊和鸡在吃，不知哪天某人突发奇想，把它命名为"黑枸杞"（见图4-2），结果身价倍增——比普通的红枸杞要贵上好几倍，就连吃了黑枸杞的羊和鸡也身价倍增。

图 4 - 2　青海黑枸杞

类似的例子非常常见。比如，黄花梨是一种极珍贵的木材，而"非洲黄花梨"正是蹭了黄花梨的流量才大受国人追捧。再比如，国内 SUV 市场刚兴起的时候，很多跨界车如果叫 SUV 就能比轿车多卖 1 万～ 2 万元。这就是物种界的三六九等，你只要关联上了一个高阶的物种，就可以迅速打开物种的心智天花板。

旧零件用于新用途

除前述之外，还有第三种旧物改造的方式，就是为旧物种赋予新功能。比如万艾可最早是医学专家为了治疗心脏病而研发的，如今早已成了男性的神药；火药的用途也在千百年间经历了从"长生不老药"到"烟花"再到"武器"的两次重大演化。这几年大火的概念生活方式、场景革命，也都部分暗合了"旧零件用于新用途"的法则，比如汽车正在被重新定义成一个第二空间，而非简单的代步工具。

3. 物种嫁接

自然界中有一个巨大的新物种实验室，就是农产品育种基地。最近几年，农产品领域诞生了大量的新物种。比如爱媛果冻橙（见图4-3）就是通过融合橙子清甜浓香的口感，以及橘子易剥、皮薄、口感细腻的特质而培育出的全新物种。水果玉米、粑粑柑、葡萄柚等也是如此。农产品"嫁接"的品种创新模式为商界的新物种创新提供了很好的启示——通过优势基因的交叉融合来解决和克服老物种的痛点和短板，可以打造出更具竞争力的新物种。

图4-3　爱媛果冻橙

比如此前大火的瑞幸生椰拿铁，就是物种嫁接的完美杰作：将椰子的香甜和咖啡的苦涩醇厚完美融合。这个新品上市一周年就卖出了 1 亿杯，成为咖啡界名副其实的超级爆款。而新式茶饮之王喜茶，则采用了水果和中式茶的嫁接融合。

科技界的跨界融合也比比皆是，比如 iPhone 是通信设备、音乐播放器和计算器的嫁接融合，特斯拉是超级计算机和电动汽车的嫁接融合。物种之间只要实现了互补或者强化，能够诞生新的特性或者补强某一处短板，就是一个伟大的创新。尤其是在超级技术时代，产业融合已经成为一个大的趋势，多元跨界也将成为一个重要的新物种来源。

4. 化繁为简

很多人以为创新就是在老物种上加些新技术、新功能，实际上这种堆砌式创新很难保证成功率，而且性价比很可能不高。还有一种创新方式，只需要你做些减法，舍弃掉一些东西，新物种便浑然天成。比如 iPad 的创新逻辑就非常简单，就是把 PC 机去掉一半，然后掉转一下方向，就变成了平板电脑。再比如，汉堡包门店仅仅是把比萨、三明治等去掉了，并没有发明什么新的食物。麦当劳正是凭借这个方式开创了汉堡包连锁销售。所以，尽管融合式创新是一种主流的创新方式，但减法式创新是另一种更

经济高效的方式，而且后者似乎更适合中小企业。因为，这种
减法式创新隐含了另一个战略优势，即暗合了"聚焦法则"。这
种创新的效率会更高，成本也会更低，更适合资源匮乏的中小企
业。所以，不妨换个思路吧！

斯巴鲁的涅槃重生

与早期进入美国市场的其他日本品牌相同，斯巴鲁一开始
同时售卖两驱车和四驱车，但是却面临节节败退甚至亏损的局面
（见图4-4）。1994年，斯巴鲁换帅，乔治·穆勒上任，他宣布
斯巴鲁停产二驱车，只生产和售卖四驱车，以此来和其他日韩品
牌如丰田、本田、现代等区隔。斯巴鲁通过放弃二驱车，开创并代
表四驱车新物种，成功扭亏为盈，成为美国市场销量增长最快的
汽车品牌（见图4-5）。

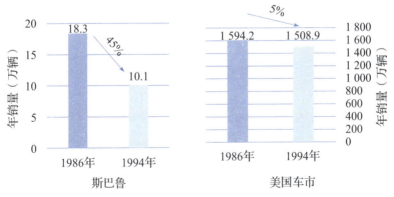

图 4-4　从 1986 年开始，斯巴鲁销量节节败退，企业出现亏损

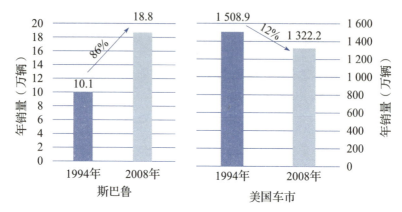

图 4 - 5 1994 年斯巴鲁停产两驱车，经历短暂下跌后
开始上升，并持续领跑美国车市

5. 反向创新

为何相反的方向隐藏着新物种机会？自然界中有一个重要的
法则，叫第二者生存法则。什么意思？比如有三颗种子，其中两
颗落在一起，第三颗则落在更远的地方，离得近的这两颗种子就
会互相争夺养分和阳光，直到其中一颗败下阵来，而远离它们的
第三颗种子则会更好地生长。

第二者生存法则告诉我们，做创新切忌随波逐流，哪怕再
新的业务也可能起步即红海，比如手打柠檬茶、无糖饮料、零添
加食品。"旱则资舟，水则资车"，远离竞争才可能开创真正的蓝

海，而站在潮流的对立面就是最大的差异和蓝海（见图4-6）。比如在长视频大行其道的年代，抖音聚焦发力短视频。再比如，新晋明星坦克越野正是站在新能源车的对立面，没有凑新能源车的热闹，而是反其道而行之。某国产车企创始人更是把对立法则上升到企业经营的全新哲学层面。他在回顾与艾·里斯合作的十多年时表示，这是自己学到的最重要的、也是对企业影响最大的一条法则。

图4-6 对立法则：机会总在相反的方向

再比如，B站如何能从众多平台中脱颖而出？我看了B站2023年的跨年晚会就知道传统卫视的时代落幕了。不得不说，B站跨年晚会早已甩开各路卫视一大截，相当于开创了一个"晚会新物种"。各路卫视的主持人"模式化"——旗袍、晚礼服，一丝不苟的笑容；节目"明星化"——毫无创意，只能堆砌明星撑台面；流程"僵化"——明星表演完就走、全程无交流、主持人负责串场。

反观B站，完全站在了传统卫视的对立面。用素人UP主而非专业明星主持人（一位女主持人甚至穿日常裤装），体现了去中心化和以用户为中心的理念；节目注重质量而不是明星名气和地位，交响乐队、游戏、复古……小众有格调；明星表演完后一定要和屏幕前的观众唠几句再走，清新又脱俗。为何 B 站更懂年轻人？我觉得：一是 B 站的基因，只取悦一小撮人；二是 B 站的大数据优势，它知道年轻人喜欢什么；三是没有条条框框的限制。所以，传统卫视永远做不出 B 站的跨年晚会。综上，B 站选取的对立面就是在对手的弱势上发力，对手即使想反击也很难。

商界中存在两股认知力量，一个是趋同，一个是分歧。前者造就第一物种，后者造就与之对立的第二物种。二者相互对立，形成二元格局。总之，和主流拉开差距，处处对着干，你就能够变得与众不同，新物种自然而来。

6. 心智移植

小企业做创新存在一个误区，就是认为创新太难，因为自己没技术、没人才、没资金。事实上，这个看似"三无"的困境之所以存在是因为企业没有走出内部视角和行业专家视角。如果你能走出企业，走进消费者的心智，你会发现另一个藏满宝藏的"新大陆"——"心智遗产"。心智遗产是消费者大脑中沉淀下来的优势认知，比如法国的红酒、意大利的设计、中国的丝绸，再如凉茶能去火、云南白药能止血、鲜炖的燕窝更好等。

　　新物种的一大重要来源就是对心智遗产实施"心智移植"。比如农夫山泉如何超越乐百氏的"27层净化"？没错，将"山泉水"的心智遗产移植到瓶装水市场，从而在认知中开创了一个新物种"矿泉水"，所以"农夫山泉有点甜"才可以深入人心（见图4-7）。同理，今麦郎的凉白开也是借助了"熟水更好"的心智资源，将"凉白开"的心智遗产移植到瓶装水市场，成功打破农夫山泉和怡宝的二元格局。事实上，无论是农夫山泉还是今麦郎都没有革命性的技术创新，重要的是能否在消费者的心智中建立一个全新的认知。

图4-7　农夫山泉有点甜

　　是否只有食品可以实施心智移植？当然不是，科技、家电领域一样有成功的心智移植案例。比如，我们都知道柴火饭又香又弹。苏泊尔通过技术创新，将柴火饭移植到电饭煲市场，发明了柴火电饭煲，夯实了领导地位。再比如，比亚迪的刀片电池正是利用了刀片的"薄"的认知，生动传递了新电池体积上的巨大优势。蜂巢能源的果冻电池则巧妙关联果冻，是传递针刺不漏电概念的绝佳案例。

　　每一个创新者都应该走出实验室、走出工厂，走入消费者的心智中，看看有没有未被开采的资源，然后把自身的产品和技术相结合，进而将技术移植到一个新的市场上。你会发现，物种创新原来竟如此简单。

7. 需求升维

　　我们在过去十余年的品类创新实践中，基本都是沿着物理属性或者功能属性去寻找创新的脉络，比如前文所谈的家族图谱。但是既然物种同时具备功能属性和精神属性，这也就意味着几乎所有的功能物种都能够在精神世界中找到被重新定义为新物种的机会。你是不是也只看到了物理世界，而忽视了另一块新大陆——"精神世界"。从物理需求向心理需求升维，就是开创新物种的另一种方法。

　　不要小看精神世界的巨大潜力和价值，世界上最成功的三大"品牌"都是精神类的，分别是佛教、基督教和伊斯兰教。宗教可以延续千年，其信徒可以遍布四海，足以说明精神品类的巨大生命力和传播力。但是大家可能会有疑问，即一个物理属性的品类如何获得精神属性，成为精神品类？在2023年春节期间，我也凑热闹组织家人搞了一次围炉煮茶：引火烧炭、洗切水果、烧水泡茶……准备工夫做了半天，累坏了也没真正喝上两口茶。围炉煮茶，大家喝的真的是茶吗？不是的，大家喝的是中国的传统文化，喝的是精神需求，围炉煮茶只是这个精神需求的物理载体。围炉煮茶的火爆再一次提醒我们，进入超级技术时代，很多时候精神需求已经远大于功能需求。而精神需求需要通过物理品类来作为载体，那么这里面将存在巨大的创新与打造新物种的机会。如前文所述，保温杯原本只是一个功能物种，但是通过复古的设计，我们可以创造出一个"复古保温杯"新物种，而消费者买的也并不是一个普通的保温杯，而是怀旧心理的满足。同理，汽车、餐具、床品、家具、服装、首饰、鞋履、公文包等，是不是也可以加上复古情怀，打造出复古汽车、复古餐具、复古床品、复古家具、复古服装、复古首饰、复古鞋履、复古公文包等带有精神属性的新物种？

　　既然可口可乐可以是"快乐之水"（见图4-8），那么这是否意味着也存在定义其他情绪物种的可能？最近两年，一款叫冰泉的牙膏从上千款牙膏中脱颖而出。这款牙膏并没有强调防蛀、防过敏等功能属性，而是定义了一个口香糖牙膏新物种：通过将法国阿尔卑斯弱碱性冰川水与国际精创香氛相结合，创造出了若干奇特的味道。这款牙膏主打的概念是"刷出好心情"，从而冰泉不再只是一款功能性产品，而是一款可以让人心情变好的牙膏。

图4-8　可口可乐的广告宣传

精神世界是一个巨大的宝矿，一旦将其与老的功能物种相结合，将创造出大量的新物种机会。这是一个充满惊喜，但依旧迷雾重重的全新世界，等着我们一起去探索。

8. 数据淘金

如今几乎所有的企业都是科技型企业，或者有科技的加持，在未来所有的企业也都将是数字化企业。随着流量红利的见顶，真正的流量洼地一定是大数据。通过数据洞察，我们可以清晰地看到新种子的发芽，以及消费需求的真相。

比如，我在和光年实验室创始人张国平的交流中，了解了几个洞察需求真相、开创新物种的经典案例。比如，一个做代餐的企业从月均销售百万元快速做到月均销售4 000万元靠的不是打造味道和营养，而是主打"吃饱"。仔细一想也对，如果代餐吃不饱，又怎么能取代正餐呢？吃不饱的代餐是不可能有复购的，也就做不大、做不久。这么显而易见的痛点几乎被所有的代餐品牌都忽略了。再比如手机壳，所有的商家都在做防摔功能，但用户搜索量排名前两位的竟然是"可以装卡的手机壳"，甚至还有"可以装钱的手机壳"……这些隐藏需求都是企业通过大数据的清洗才捕捉的。

通过以上案例我们可以看到，大数据无疑是一块满载新物种的新大陆，每个企业都需要快速建立起自己的大数据洞察能力。如果真正掌握了数据能力，你不仅可以找对人、说对话、投对路，更重要的是你可以率先发现和把握那些隐藏在数据中的无数的新物种红利。

9. 本章总结

在打造新物种之前，如何发现新物种是关键。在本章中，我们基于多年的咨询实践总结了发现新物种常用的八大方法，分别是：第一，按图索骥。历史是正在发生的未来，很多新物种机会都来源于对历史的研究。我们可以参照高阶市场或者高阶品类的分化图，如美国、日本等市场中同一品类的分化趋势，或者参照中国市场中相近品类的分化趋势。第二，旧物改造。很多看似走向衰落的旧物种中都存在大量的新物种机会，解决旧物种原有的某种痛点、重新归类旧物种、赋予旧物种新的使用场景和用途，是三种有效的手段。第三，物种嫁接。两个或多个物种之间的融合若能够诞生出新的特性或者补强原有短板，就可以诞生一个伟大的新物种。第四，化繁为简。做减法也是创造新物种的一种方法，比如斯巴鲁通过砍掉两驱车、聚焦四驱车，创造了四驱车新物种。第五，反向创新。与主流市场对着干，相反的方向往往存在打造新物种的机会。第六，心智移植。寻找消费者大脑中沉淀下来的优势认知，结合自身产品或技术上的优势，是发掘新物种的有效方法。第七，需求升维。强大的物种一般都同时具备功能和精神二象性，但是今天很多功能品类都没有被赋予精神属性，这是一个待挖掘的巨大宝矿。第八，数据淘金。在数据化的今天，大数据成为洞察新物种最为有效的手段之一。通过数据我们可以"清洗"出消费者的第一需求和新增需求，从而发掘新物种机会。

本章点睛

新物种八大来源		
1	按图索骥	● 参照高阶市场同一品类的分化趋势 ● 参照同一市场相近品类的分化趋势
2	旧物改造	● 旧物改造的三种方式： ①解决走向衰落的旧物种的痛点 ②如果旧物种没有明显痛点，只是物种名称没起好，那么重新归类旧物种 ③拓宽旧物种的场景，赋予其新用途
3	物种嫁接	● 两个或多个物种之间的融合若能够诞生出新的特性或者补强原有短板，就可以诞生一个伟大的新物种
4	化繁为简	● 做减法，通过聚焦创造新物种
5	反向创新	● 与主流市场对着干，机会总在相反的方向
6	心智移植	● 消费者大脑中沉淀下来的优势认知 + 自身产品或技术上的优势 = 新物种
7	需求升维	● 老的功能品类 + 新的精神需求 = 新物种
8	数据淘金	● 通过大数据观察消费者的行为、需求，从而发掘新物种机会

// 第五章 //

设计新物种

十年前，淘宝等一批电商平台在崛起的同时也以不可估量的流量托起了一大批"淘品牌"，其中不乏营收规模突破十亿元甚至数十亿元的品牌。但是，最终能够沉淀下来并成为真正的品牌的却屈指可数，三只松鼠算是其中的佼佼者。为什么同样的流量扶持，相近的营收规模，一样的渠道平台，有的能够成为品牌，有的就仅仅是卖货呢？三只松鼠在 2020 年同时推出四个新品牌："小鹿蓝蓝""喜小鹊""铁功基""养了个毛孩"。公司对这四个品牌采取了统一的运营方法，配置了同样的设计及操盘团队，给予了一样的资源和流量，但是最终只有小鹿蓝蓝成功了。这又是为什么？

　　答案是物种背后的 DNA 不同。设计新物种就是设计新物种的 DNA，DNA 决定了物种以及品牌的未来。企业的资源、人才、流量、渠道等好比物种成长所需的土壤、水分、养分、气候，它们对于新物种的成长是至关重要的。但更重要的在于对新物种 DNA 的设计，如果设计成了芝麻，那么未来无论如何浇水施肥也无法结出西瓜。比如小鹿蓝蓝所代表的宝宝零食就比喜小鹊所代表的定制喜礼具有更大的市场潜力，比养了个毛孩所代表的宠物食品更清晰、聚焦，比铁功基所代表的自热食品更"蓝海"。

物种的 DNA 还决定了物种的先天体质。有的物种先天体质好，只要有最基本的土壤，就能生根发芽，自己成长；而有的物种，由于先天有缺陷，就得小心养护，需要不断地浇水施肥、除虫除草，但最终还是容易夭折。三只松鼠之所以能够从卖货成长为真正的品牌，就得益于它的 DNA 设计——一个意料之外、情理之中的名字和视觉让它在卖货的同时，把品牌牢牢地植入了用户的心中。大部分的"淘品牌"，包括如今的"抖品牌"，由于忽视了物种的 DNA 设计，仅仅把流量用于卖货和变现。用户购买了产品之后，转头就忘记了这是什么品牌、是哪个商家。而三只松鼠则通过出色的 DNA 设计，把数以亿计的流量全部转化为自己的心智资产，在卖货变现的同时，完成了品牌化的华丽转身。

在超级技术时代，新物种的 DNA 主要由以下七个要素组成：物种名、语言钉、视觉锤、品牌锚、产品钩、品牌人设、物种故事。

1. 巧立"物种名"

物种名是设计新物种的第一步，也是最关键的一步。消费者以物种为元素来思考，物种就是消费者心智中的存储单元，就像我们每个人都在银行有账户，物种名就是新物种在消费者心智中注册的新账户。

很多企业的创新无法商业化和破圈的一个重要原因往往是没

有定义好物种名。比如优信二手车的异地交车模式，消费者难以记忆和理解，但"二手车全国购"就是一个好的新物种名；奥克斯的"网批"模式同样难以在 C 端（消费者端）传播，"互联网直卖空调"就是一个可以被消费者理解的概念。类似的案例还有很多。

如果账户名起错了，你就拿不走里面的钱，比如跨界车就是个失败的物种名。比如叫无糖酸奶不火，改成 0 蔗糖酸奶就可以了；叫乳茶卖得好，但叫奶茶就不行。如果我们要推一个新的业务或者新的产品，一定要花时间好好想想品类名，取个好名字很重要。物种名关系到新物种的天花板，甚至是新物种的成败。

物种名最忌讳复杂和专业，比如"在线教育"不如"网课"，"共享出行"不如"网约车"，而如今的"吸尘器"在发明之初被称为"清扫机"，"大理石瓷砖"最早被称为"瓷抛砖"，"地暖地板"最早被称为"地热地板"等。企业喜欢复杂、高级的概念，这被定位之父艾·里斯和杰克·特劳特称为"瑞士军刀思维"，但消费者喜欢简单清晰的概念。物种名要通俗易懂，最好可以传递出物种的最大特征。

所以，物种名绝不仅仅是品牌部或者营销中心的事，物种名本质上决定了企业的业务赛道，这是个战略问题。物种名的定义是个"战略工作"，绝不可掉以轻心，一定要仔细推敲和打磨。也可以和原点客户一起共创，直到在消费者的心智中占据一块"风水宝地"。

2.打磨"语言钉"

一针捅破天

尽管新物种都拥有一系列独特优势，但是想要快速启动新物种，必须找到撬动新物种增长的关键支点。这个关键支点就是消费者选择新物种而非老物种的第一买点。就像自然界中的物种都有自己的独门绝技，比如猎豹速度快、公鸡会打鸣、老鹰飞得高等。

简单说，新物种设计的第二步是化繁为简，即把一堆好处化为一个"语言钉"，从而把新物种独一无二的优势植入目标消费者的大脑中。比如尽管凉茶有很多好处，但是王老吉把凉茶浓缩成了一个词——"怕上火"。语言钉，既能启动销售的第一买点，也能作为品牌最大的护城河。找到了语言钉之后，营销上的一系列动作才可以形成合力，从产品研发到广告传播都可以围绕语言钉来展开。

寻找和发展语言钉必须遵循两个原则：一是以竞争为导向，不能自说自话，陷入"自嗨"。比如云南白药创可贴突出了"有药"，而把友商产品定义成一块"胶布"，就是竞争导向的典范。二是必须顺应消费者认知，比如液体钙的"好吸收"就是借助了认知，调用了消费者心智的力量。

情感的力量

传统定位公司饱受质疑的另一点就是语言表达上的生硬教

条，比如"领导者"一词使用泛滥。爱马仕如果直接打出"奢侈品领导者"的口号，必然会掉粉无数。这就是传统定位式口号的巨大弊端。如自序所说，定位式口号追求像岩石一样的无可辩驳，因此其语言表达一贯都是客观理性的风格。

但是这种极致理性的定位方式在我们最近几年的实践中面临巨大挑战。比如有中国第一定位案例之称的长城汽车，其高层也并非完全认可功能性定位方式，并提出情感定位的理论构想。笔者也正是在长城的实践中，不断反思定位的局限。比如，舒适越野作为一个新物种，如果套用定位式表达，一定是硬派豪华，但是长城的创始人则创造性地提出了"铁汉柔情"这样的感性表达，不仅很好地传达了产品"外刚内柔"的物理特性，而且和潜在消费者产生了强烈的情感共鸣。再比如，欧拉作为女性电动车的开创者，如果套用定位式表达，一定是类似于"女性电动车专家"这样的严肃表达，但是欧拉采用了"最爱女人的汽车品牌"这种表达，既没有削弱物种特性，又比定位式表达更容易打动女性消费者。

如果说传统定位是为了抢心智，那么新时代的语言钉则是为了抢人心。正如认知心理学大师丹尼尔·卡尼曼在《思考，快与慢》一书中讲的那样：消费者都是有限理性人，凭直觉行事，容易被情感左右。因此，新物种的传播必须要借助情感的力量，发展出直击人心的表达，这样才更适合新时代的传播环境和新群体的消费心理。

口语的力量

如果情感化的表达是为了直击人心，那么口语的力量则是为了口口相传。从语言的起源来看，很多语言之所以能够快速传播，一个重要的原因就是采用了口语化的表达。如果我们想把语言钉发展成一种文化模因（一种可以复制的文化基因），就要遵循文化模因的传播规律，比如可被理解、容易复制。我们回想一下，很多洗脑广告之所以能够口口相传，是不是也都非常口语化、朗朗上口？比如"怕上火喝王老吉""今年过节不收礼，收礼只收脑白金"等。好的语言钉一定是调用了口语的力量。

口语并不意味着俗套，口语一定是目标消费者听得懂、喜欢听的表达。当然，如果你希望做一个高深莫测的小众物种或者超高端物种，那么要刻意保持曲高和寡，太大众化的表达有可能使你失去目标消费者。

千万不要把消费者当专家

80% 的营销人员会犯的一个错误就是让消费者选广告语，比如给消费者三条广告语，问他们喜欢哪一个。记住，在真实场景下，没有消费者会花一分钟细品你的广告语，而且这种问法会把消费者带入一个专家的角色中。不信你问问看，他会跟你说，我觉得你的广告语应该对仗，这样才更有文采。这是你想要的吗？

千万不要掉入创意陷阱

广告界最大的谎言就是创意为王。在历史上，大众在进入美国市场时推出了一个非常经典的广告，就是甲壳虫的"Think small."（想想还是小的好）。这个广告让大众成为北美进口车的第一品牌，该广告创意也因此获得了北美最佳广告奖。但是如果甲壳虫真的是因为这个广告成功的，那为什么"Think big."（想想还是大的好）、"Think fast."（想想还是快的好）、"Think smart."（想想还是聪明的好）、"Or don't think at all."（或者什么都不想）反而让大众在美国衰落了呢（见图5-1）？因为只有"想想还是小的好"的背后蕴含着战略，即站在通用和福特这些大车的对立面是甲壳虫成功的关键。因此，打造新物种的关键不是要大创意，而是要大战略。

3. 设计"视觉锤"

如前文所述，超级技术时代也是视觉时代。在媒体分散、广告费高企以及越来越虚拟化的今天，我们要想以小博大，进入消费者的心智，就得充分运用视觉的力量。尤其在虚拟化的商业世界，视觉更是企业与品牌的脸面。然而，视觉战略是被很多创业者和企业家低估的战略手段，要么被忽视，要么被错用。很多品牌对视觉的运用仍然停留在1.0或者2.0时代。可以说，99%的品牌都有Logo，但是没有视觉锤。

图 5-1　甲壳虫后期推出的创意 "Think big." "Think fast." "Think smart."
　　　　 "Or don't think at all." 均没有重现 "Think small." 的巨大成功

视觉竞争的三个时代

1.0 VI 时代：以艺术审美为目的

VI 时代的视觉设计常常被当作一件艺术品来精雕细琢，但是缺乏记忆点和视觉冲击力，通常难以被消费者看见和理解，对品牌的销售也就无法产生拉力。传统的 VI 设计存在的最大问题就是它是设计给老板看的。我们之前服务的一家物流企业聘请了一家国际顶尖的设计公司，然而这家设计公司所做的设计几乎完全是基于客户老板的喜好，这是目前 VI 设计界的真相。最典型的就是用抽象的符号表达所谓的企业使命、愿景、价值观等，而不考虑这个设计能否在消费者的心智中发挥作用。

再比如某电动两轮车品牌花了上百万元打磨 Logo，希望通过新的 Logo 来传递品牌的国际和科技形象。特别巧，历史上曾有一个品牌做过类似的事情，就是柯达。柯达作为胶片成像的品类之王，在面对数码成像的冲击时呈现节节败退的迹象。柯达的管理层想摆脱传统形象，于是在 2006 年换了一个 Logo（见图 5-2），希望给品牌贴上科技的标签。但是这一举措并没有阻止柯达在六年之后破产，因为柯达的问题并不在于品牌形象，而在于柯达所在的胶片成像的品类冰山在融化。事实上，对于这些所谓的内涵式设计，消费者没有时间搞清楚，也没有兴趣搞清楚。这无非是企业内部的"自嗨"罢了。

旧　　　　　　　　新

图 5 - 2　柯达的新旧 Logo

2.0 超级符号时代：以终端被看见为目的

超级符号强调吸引眼球，追求在终端"被看见"，但是"被看见"不等于"被选择"，就好比知名度不等于品牌。超级符号如果不能传递战略，就无法和品牌定位形成合力、积累真正有价值的品牌资产，也就无法建立品牌护城河。比如，某餐饮品牌的"I Love 莜"是一个非常棒的超级符号，在终端也能脱颖而出。但是，没有消费者会因为"I Love 莜"而选择它。品牌花了几亿元除了教会大家"莜"字怎么念之外，并没有形成任何有何不同的品牌心智资产的积累。

3.0 视觉战略时代：以赢得心智首选为目的

Logo 需要在商标局注册，而视觉锤需要在客户的心智中注册。视觉锤不是商标，也不是 Logo，而是传递战略的超级符号，是帮助品牌建立定位和扎根消费者心智的视觉战略。一个强大的视觉锤是品牌行走的广告，可以让新物种和品牌的传播效率提高十倍。比如大角鹿升级了视觉战略之后，迅速在终端脱颖而出，其品牌感、冲击力大幅提升。

视觉锤二要

第一，传递战略。视觉锤是能够传递战略的超级符号，能够使品牌在"被看见"的基础上进一步解决"被选择"的问题，不仅能够帮助品牌和企业在短期提升终端卖力，同时还能传递品牌的战略定位。拥有一个能够传递战略的视觉锤，能够让品牌的传播效率提高十倍百倍，帮助品牌持续扎根消费者的心智，使品牌实现对品类的主导。比如，可口可乐通过曲线瓶传递了"正宗"的定位，抵御了来自百事可乐的进攻；科罗娜通过"青柠片"传递了"墨西哥啤酒"的定位，打开了美国市场；熊猫快餐通过"熊猫"传递了"中餐"的定位，成为全球最大的中餐连锁快餐品牌。

第二，传递美学。如前文所述，在超级技术时代，视觉将成为品牌的脸面，品牌的视觉将决定品牌的格调和认知，即视觉审美竞争将空前激烈。比如，网店店主必修的一门课就是摄影。从产品设计到品牌形象，每个品牌都需要提升审美，否则无法在颜值为王的新时代站稳脚跟并赢得新群体。

在自然界，每个物种都有自己的标志性视觉，比如斑马的斑纹、长颈鹿的脖子、犀牛的角等，商界的新物种也同样需要一个独特的标志性视觉。总之，视觉锤不仅可以让品牌传播效率提高十倍百倍，而且可以帮助品牌赢得消费者的心智首选，这也是强大品牌和平庸品牌的重要区别。

视觉锤三大来源

如何寻找视觉锤，从我们的实践来看，至少有三个维度。

一是视觉绑定品类。比如三只松鼠，Logo 上是最会吃坚果的小动物（见图 5 - 3）；科罗娜啤酒，所有酒瓶上都插着一瓣墨西哥青柠。如果你的品牌是品类内数一数二的，那么绑定品类就是你最佳的视觉策略。

图 5 - 3　视觉锤来源——视觉绑定品类

二是视觉绑定特性。比如纯果乐用一根吸管插进橙子来突出新鲜；沃尔沃用三点式的安全带 Logo 来突出安全（见图 5 - 4）。如果你的品牌拥有一个独特的定位，那么就用你的视觉把你的卖点传达出去。

图 5－4　视觉锤来源——视觉绑定特性

　　三是视觉对立对手。比如百事可乐，蓝色对立红色（见图 5－5），年轻一代对立父辈一代；比如奔驰主打乘坐的画面，宝马主打驾驶的画面，即坐奔驰开宝马。你如果有一个神一样的对手，那么就和他对着干、反着来，借力打力。

图 5－5　视觉锤来源——视觉对立对手

视觉锤检验三角

视觉锤好不好，教你一招快速检验。设计师说得再好，也不如亲自测一测。如何测？很简单，主要有三个角度：看不看得懂、跳不跳得出、记不记得住。

一问（看不看得懂）。问谁？直接问家里的老人和小孩。问什么？问他们看到了什么。如果老人和小孩一眼就能看出，那么恭喜你，这说明这是一个可以清晰传递信息的 Logo。用大诗人白居易检验诗文的方法来检验视觉锤一样好用。

二望（跳不跳得出）。怎么望？把自己的品牌和竞争对手的品牌密密麻麻摆在一起，如果能摆上货架对比更好。比什么？看看能不能十米外一眼看到自己的品牌。如果可以，那么恭喜你，你的品牌将是全场最吸引眼球的。

三忆（记不记得住）。怎么忆？还是问家里的老人和孩子。忆什么？让他们回忆自己记住了什么。如果他们能够说出你想要表达的意思，那么恭喜你，这是一个可以扎根消费者心智的视觉锤。

战斗蚂蚁在视觉锤设计上首次采用"双设计师"的独立设计模式。与行业内一个设计师设计几个方案不同，在战斗蚂蚁，一个设计师只聚焦打磨自己最擅长的风格，这也是我们吸取某头部车企设计明星车型的成功经验。过剩的投入只为给客户打造杰出的视觉锤作品。

4. 寻找"品牌锚"

一艘万吨巨轮通过一个小小的船锚就能够被牢牢地固定在岸边。你的品牌想要牢牢地被固定在消费者心智中，也需要这样一个"船锚"。这个"船锚"就是你的品牌名，我们称之为"品牌锚"。

一个好的品牌锚会让你赢在起跑线。什么是好名字？定位之父艾·里斯曾告诉我们，名字就是最短的战略。当你准备开启一项新的业务时，一定要仔细推敲它的名字，这会让成功变得更加简单。比如最近火出圈的"一整根"人参水，据说公司内部最初想了很多名字，但讨论了很久都定不下来，例如超级燃料，还需要对别人解释为啥这是超级燃料。这时有人说干脆就叫"一整根"吧。然后一晚上大家都在用"一整根"称呼这个产品，结果就有了现在火出圈的"一整根"，这是一个名字就是最短的战略的最好例子。类似的赢在起跑线的名字还有很多，比如农夫山泉、红牛、立白、坦克、三只松鼠、蒙牛的"一米八八"儿童奶粉。钟睒睒曾对外公开说："农夫山泉能够成功，一半都是因为农夫山泉这个名字。"

很多人认为名字之事仁者见仁，智者见智，无所谓好坏，甚至只要产品够好，名字叫阿猫阿狗也不重要。果真如此吗？那为何很多艺人出道后都要改名字？如果叫来福、富贵、翠花，估计很难火。比亚迪在没有聚焦新物种之前，其名字的负面歧义曾经让它丢失了大量消费者。即便是风头正盛的今天，比亚迪的名字仍然导致很多消费者望而却步。好的名字可以让产品如虎添翼，为何非要给自己的产品制造认知上的障碍呢？很多人会说，即便名字不好，比亚迪不也卖得很好吗？问题是，每个企业并非都有比亚迪在三电技术上的实力，也未必有王传福敢于第一个吃螃蟹的勇气，更没有长期聚焦新业务的战略定力。大多数创业者和新业务起步时都面临巨大阻碍，资源也常常捉襟见肘，而一个可以口口相传的好名字自然能节约大量后期成本。而且，长期来看，很多行业的产品竞争必然走向同质化，名字会成为品牌最大的差异化和重要的认知资产。起名字可以说是成本最低、回报最长、一本万利的策略。既然我们都打磨出了这么好的产品，为何不起一个好的品牌名呢？

所以，一个蕴含战略的品牌名是品牌锚定用户心智的强大武器。如果你的新业务才刚刚起步，一定要像打磨产品一样打磨你的名字，这也是用户思维的重要体现。长远来看，好名字更有可能穿越时空，成为品牌重要的资产。

品牌锚检验三角

99% 的人都会踩命名的大坑。哪怕是训练有素的咨询顾问也很容易掉入这个大坑。我给大家讲个故事，早年我们在某定位咨询公司为老板电器服务时，要帮对方寻找油烟机之后的第二增长曲线。最后我们选择了蒸箱这个品类。如何起个好名字是其中一个重要课题。在起名时，团队内部产生了很多创意方案，其中得票率最高的是"云鲸"。从字面意义上看云鲸很不错，既有画面感，也很独特，但这个名字最后被淘汰了。你知道为什么吗？因为这个名字每次都需要解释是哪个"yun"字、哪个"Jing"字。你听出问题了吗？是的，如果一个名字还需要解释，这就不是一个好名字。名字实际上是靠声音传播的，因为我们的大脑存储的是声音而不是文字。我们起名字很容易关注字面意义上的内涵和美感，而忽略声音。这是误区！其实判断一个好名字的简单方法是，当你跟对方说的时候，他能不能马上反应出是哪几个字。这是检验一个名字能不能用的基本门槛。我们最后给出的品牌名是"大厨"。

赶快用这个方法检验一下你的品牌名吧！不妨给身边的朋友打个电话，问问他们：听不听得懂，记不记得住，容不容易会错意。

坏名字就要改掉

罗永浩创业失败后进行了深刻的反思："千万不要草率起名字，创业和给品牌起名字本质上是非常严肃的事情。创立一个手机品牌叫'锤子'，基本上是愚蠢的、自杀式的行为。"因为锤子在很多地方都是骂人的话。

中国人对改名字似乎非常慎重，可能是受到了"行不更名，坐不改姓"的文化的影响。但事实上很多成功的品牌都曾改过名字，比如索尼之前叫东京通信工业（Tokyo Tsushin Kogyo），可口可乐在中国最早采用音译名"蝌蚪啃蜡"。如果继续使用这些名字，你认为索尼和可口可乐能有今天这么成功吗？

老乡鸡在走向全国之前，曾经叫"肥西老母鸡"；

真功夫在走向全国之前，曾经叫"双种子"；

喜茶在走向全国之前，曾经叫"皇茶"；

哈弗在走向全球之前，曾经叫"长城哈弗"。

这些都是改了名字之后更成功的例子。所以，你在开启一项新业务或者走向全国甚至全球的时候，一定要仔细推敲业务或品牌的名字。如果名字不好，一定要果断改掉。因为牺牲了名字，战略将很难奏效。

5. 打造"产品钩"

传统营销认为，产品越多销量越大，产品太少反而支撑不起新品牌的发展。果真如此吗？国民神车哈弗，其产品从两三款增加到二十几款后，市场份额却从最高的三四成跌至一成多。产品多了，用户的选择也复杂了，决策链条一长，用户很可能会流失。与此同时，产品多了，但没有招牌产品，也不利于实现心智预售、汇聚口碑和认知，也就无法实现品牌的爆破效应。

　　什么是产品钩？产品钩就是一个可以快速俘获用户的产品钩子。三只松鼠的起步流量来自碧根果，碧根果既创造了用户，也定义了坚果。再比如移动支付是阿里巴巴非常重要的利润来源，马化腾一直想打入这个市场，曾经做了非常多的尝试都没有成功，直到微信通过一场"红包奇袭"活动才瞬间撬开了移动支付的市场。经此一役，微信逐渐在移动支付领域和支付宝形成了二元格局。再比如，"双 11"是天猫最大的流量入口，既吸引了巨大的流量，也夯实了"省"的认知。除此之外，产品钩还是特斯拉的 Model 3，是喜茶的"芝士茶"，是美团的"吃"，等等。

　　品牌有义务和责任帮助消费者定义最佳产品，不要给消费者太多选择，也不要把选择权交给消费者。在新物种初期，消费者对品牌是陌生的、模糊的、迟疑的，产品钩就是品牌撕开市场、打破僵局的最好利器。记住，面积越小，压强越大，钉子比拳头更容易钉进墙里。不管你的产品研发实力有多强、营销资源有多丰富，你都需要一个"最容易创造原点客户、最能够建立物种认知"的产品钩。

6. 立好"品牌人设"

　　新物种绝不应该是一块冰冷的石头，而应该成为一个既有价值也有温度的物种。

"人设"让新物种更强大

人类的群居属性决定了身份认同是人们最常见的一种精神需求。人们往往通过所购买的品牌来向自己和外界展示自己的身份标签。比如，为了体现自己是一名高知女性，陆家嘴的精英女性常常背着香奈儿而不是迪奥；为了看起来是年轻新贵而非土豪，很多"企二代"更愿意开新势力品牌轿车而不是奔驰与宝马；为了展现自己的爱国情怀，很多公务员都选择华为手机，而放弃苹果……解决身份认同的问题是功能品牌发展精神属性的最有效的手段之一，而最佳办法就是打造品牌人设。

当一个功能品牌打造了一个成功的人设，消费者就能通过消费它来获得某种身份认同，这一功能品牌也就获取了另一种属性——精神属性。比如，当我们捧着星巴克的时候，我们喝的不仅仅是一杯提神饮料，更是一种自己是"小资白领"的身份认同。一线城市的年轻人手里拿着的 iPhone 不仅是个通信工具，更是他们作为"时尚且具备创造力"的年轻人的身份象征。

打造身份标签

如何建立品牌人设？你需要打造一个清晰的身份标签，这个标签可以是你的目标用户向往和追求的某种身份认同。比如耐克通过代表"跑鞋"成为跑鞋物种的第一品牌后，进一步挖掘出跑鞋物种背后的运动精神，并通过"Just do it"代表了"拼搏者"这一身份标签；塔可贝尔通过代表"墨西哥鸡肉卷"成为物种第一品牌后，进一步挖掘并代表了"美食家"这一身份标签；香奈儿通过代表"小黑裙"成为领先服饰品牌后，进一步挖掘并代表了"独立女性"这一身份标签；甲壳虫作为小型汽车的代表，则打造了标新立异的"叛逆者"标签。

今天的品牌不再是高高在上、遥不可及的。移动互联的普及让每个品牌都触手可及，品牌的一言一行都曝光在聚光灯之下。从创始人到品牌的一线员工，从一则广告到每一次发声和互动，都渗透着你的品牌的价值观。没有人设的物种和品牌就是一个冰冷的器具，消费者需要你的时候你就有价值，而消费者有了新的替代品时，你就会被抛弃。而糟糕的人设会把品牌推向灾难处境。比如海天、李宁的翻车其核心原因都是品牌人设崩塌，而鸿星尔克的走红是因为打造了成功的品牌人设。品牌和物种有了清晰的人设，才有可能成为一个有魅力的品牌、一个有温度的物种。如果说定位时代是为了抢占消费者的心智，那么一个好的品牌人设则可以帮助品牌俘获目标消费者的真心，使其成为一个消费者认同和热爱的品牌。

7. 讲好"物种故事"

你的新品牌、新业务有没有一个强大的物种故事？什么是物种故事？物种故事是一个蕴含使命、愿景、价值观的强大故事，比如马斯克所讲的"让天空越来越蓝、让空气越来越清新，让燃油车退出历史舞台"，阿里巴巴所讲的"让天下没有难做的生意"，华为所讲的"摆脱国外对中国高科技的封锁"，农夫山泉所讲的"我们不生产水，我们只是大自然的搬运工"。这些都是非常有魅力的品牌故事。

其实，不仅商业领域，很多伟大的创业实践也都需要一个有感召力的故事，比如《三国演义》中刘备的"中兴汉室"等。物种故事对内是强大的使命感召，对外则是赢得人心的强大武器。尤其是在强调用户运营的今天，讲好物种故事不仅可以拉近品牌和用户的距离，增强用户的黏性和忠诚度，而且可以弥补"广告式轰炸"这种粗暴手段的不足。很多时候，能否定义一个伟大的问题决定了你能否开创一个伟大的物种，而有没有一个好的物种故事则是区别平庸品牌和伟大品牌的一个重要标志。

8. 本章总结

新物种的 DNA 决定了物种未来的潜力，即决定了新物种未来结出的果实是芝麻还是西瓜。决定物种潜力的 DNA 主要包括以下七个要素：第一，物种名。物种名是新物种在消费者心智中注册的新账户，只有通俗易懂的名字才能顺利进入消费者的心智，如果还能传递物种的最大特征，那就更佳。第二，语言钉。

这是消费者选择新物种而非老物种的第一买点。语言钉的寻找应以竞争为导向，且要能够顺应消费者的认知。此外，一个能充分调用情感及口语力量的语言钉将更有力量。第三，视觉锤。视觉锤是新物种的门面，因此新物种既要传递物种的第一特性，又需要兼具审美功能。拥有视觉锤的新物种将更容易获得成功。此外，我们还介绍了视觉竞争的三个时代、视觉锤二要（传递战略、传递美学）、视觉锤的三大来源（绑定品类、绑定特性、对立对手）和视觉锤检验三角（一问、二望、三忆）。第四，品牌锚。一个蕴含战略的品牌名是品牌锚定消费者心智的强大武器，长远来看更是品牌最宝贵的资产。第五，产品钩。不管你的产品研发实力有多强、营销资源有多丰富，你都需要一个"最容易创造原点客户、最能够建立物种认知"的产品钩。第六，品牌人设。品牌人设能够赋予新物种以精神属性，使你的品牌更加强大。参考目标用户向往和追求的身份认同来打造身份标签，是打造品牌人设的重要方法之一。第七，物种故事。能否定义一个伟大的问题决定了你能否开创一个伟大的物种。有没有一个好的物种故事，是区别平庸品牌和伟大品牌的一个重要标志。物种故事对内是强大的使命感召，对外是赢得人心的强大武器。以上七个要素，决定了新物种的潜力。

本章点睛

	新物种七要素	
1	物种名	• 物种名是新物种在消费者心智中注册的新账户，决定了业务赛道，是战略问题 • 物种名应当通俗易懂，最好还能传递物种的最大特征
2	语言钉	• 语言钉是消费者选择新物种而非老物种的第一买点，应以竞争为导向，且要能够顺应消费者的认知 • 语言钉的打磨需要充分调用情感及口语的力量 • 发展语言钉切忌把消费者当专家，切忌掉入创意陷阱
3	视觉锤	• 视觉竞争的三个时代：VI时代、超级符号时代、视觉战略时代 • 视觉锤＝传递战略＋传递美学 • 视觉锤的三大来源：绑定品类、绑定特性、对立对手 • 检验视觉锤：一问、二望、三忆
4	品牌锚	• 名字就是战略，一个蕴含战略的品牌名是品牌锚定消费者心智的强大武器，长远来看更是品牌最宝贵的资产 • 坏名字就要改掉 • 品牌锚检验三角：听不听得懂、记不记得住、容不容易会错意
5	产品钩	• 不管你的产品研发实力有多强、营销资源有多丰富，你都需要一个"最容易创造原点客户、最能够建立物种认知"的产品钩
6	品牌人设	• 品牌人设能够赋予新物种以精神属性，使你的品牌更加强大 • 参考目标用户向往和追求的身份认同来打造身份标签，是打造品牌人设的重要方法之一
7	物种故事	• 能否定义一个伟大的问题决定了你能否开创一个伟大的物种 • 有没有一个好的物种故事，是区别平庸品牌和伟大品牌的一个重要标志 • 物种故事对内是强大的使命感召，对外是赢得人心的强大武器

第六章

推出新物种

新物种从诞生到做大至少会经历两个市场，一是早期市场，二是主流市场。我们必须清楚地知道，这两个市场对应的是两类消费人群，我们需要采取不同的战术甚至战略来应对。在互联网时代之前，大多数企业和咨询公司通过"假设＋调研＋论证"的方式生成战略，即通过3～4个月的论证，推导出一个所谓的最佳物种机会，然后推动企业全力聚焦。但是，互联网让竞争的周期缩短，传统的"调研式"战略规划已经不再适合超级技术时代的新物种设计要求。打造和培育新物种必须采用更加科学的精益创业法，遵循物种的成长规律。在早期市场，重点是推出新物种。在这一时期，我们首先要测量鸿沟，以正确预期增长和配置资源。然后我们要找到最小的场景、最佳的人群、最佳的共生物种，以及最佳的土壤，从而快速打开局面，帮助新物种取得第一张信任状，为未来进入主流市场、做大新品类做好充分的准备。

1. 学会测量鸿沟

很多新物种在起步时很成功，但是做着做着就遇到了瓶颈，迟迟无法取得突破，这是因为遇到了创新鸿沟，在从早期市场向主流市场跨越时遭遇了滑铁卢。杰弗里·摩尔在《跨越鸿沟》中把市场人群分为五类。从新物种的推出和发展来看，我们可以简易地将他们划分为两类，即早期市场消费者和主流市场消费者（见图6-1）。通常，早期市场的消费者可以称为理想主义者。他们喜欢创新、敢于冒险、愿意学习，对产品的短板持包容态度。这些人也许是你朋友圈里的熟人、朋友，对你的创新持开放态度，也许是行业内的深度玩家，对一切新事物主动探求。总之，早期市场的消费者是友好的，他们更看重创新的长板，不追求完美的产品。而主流市场的消费者则是保守而谨慎的，他们不愿意冒险、不喜欢改变、不接受产品有短板，他们是典型的实用主义者。对他们而言，创新本身是什么并不重要，他们只关注产品能够给他们带来的价值。这就是为什么我们很多人在起步时觉

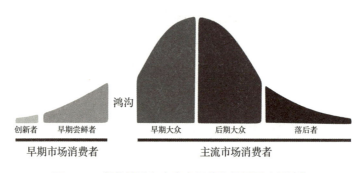

图 6-1　新物种进入大众市场前往往需要跨越鸿沟

得市场很快就能打开，但是做着做着就遇到了瓶颈，觉得市场很冰冷。因为我们几乎所有人在新产品起步时都是从身边的圈子开始，或者从行业内的人士开始，然后沿用早期市场的"有效战术"持续拓展市场。毫无疑问，这样一定会碰壁。

如何测量鸿沟？

要想跨越鸿沟，第一步必须是正确测量鸿沟，对新物种的起步做出正确的预期。红牛从上市到销售规模突破 10 亿元用了 8 年时间，王老吉从走出广东到销售额突破 1 亿元用了大约 7 年的时间。不同物种的鸿沟会有宽度和深度上的不同。比如，钙制剂领域里有两种创新：一种是"骨胶原钙"，核心功能是缓解关节疼痛，效果比氨糖钙更快更好；另一种是"婴幼儿液体钙条"，好处是不用反复度量，没有二次污染。两个新物种，哪个的鸿沟宽度更小、深度更浅，跨越的周期更短？显然，是后者。"不用反复度量，没有二次污染"，消费者一听就懂，一用就信。而"缓解关节疼痛比氨糖钙快"则面临信任度的问题，需要长时间的教育。所以，液体钙条的起步时间和速度一定会快于骨胶原钙，这是由物种的创新鸿沟决定的。

测量鸿沟的宽度和深度可以考虑三个指标：天然信任度、行为简化度、产品短板度。新物种是具备天然信任度还是需要通过教育市场才能形成信任度？新物种对消费者行为有没有改变，消费者的行为是变得更简单了还是更麻烦了？产品在带来新长板的同时，是否带来了新的短板？如果新物种具备天然信任度，对消费者行为没有改变或者使之变得更简单，在带来长板的同时没有带来短板，那么新物种的鸿沟就会相对较窄、较浅，跨越周期的时间也会较短；反之，则鸿沟相对较宽、较深，跨越时间较长。简而言之，创新程度越高，鸿沟越大。因为这项创新可能意味着要改变消费者的一个根深蒂固的认知、老百姓的一个十几年来的习惯，而这些都需要漫长的时间。

只有认识到这个看不见的鸿沟，你才不会采用错误的战术，比如过早采用进入主流市场的资源配置和战略节奏，比如饱和式的攻击、火箭式的启动、全面开战的布局。这不仅不会让你快速成功，反而会挫伤团队的士气，甚至拖垮你的企业。2022年，一代鞋王奥康国际就是因为激进的资源投放策略，陷入严重亏损。还有许多曾经的网红新消费品牌，也是因为过于快速的门店扩张最终不得不因为资金链断裂而面临出局。你真正需要做的是正确评估鸿沟，进而按照品类发展的规律来设定资源和节奏。有的时候，快就是慢，而慢才长远。

2. 模拟最小场景

没有人可以真正预测未来，但企业的经营者和战略决策者必须尽可能地提高战略的确定性，尤其是在创新业务"九死一生"

的现实面前，更需要想办法提高新物种的成功率。你如果认为自己的产品是全球首创，找不到可以借鉴的有效战术，那么可以采用互联网思维里的一个新概念——MVP——最小可行产品。这对希望速胜的企业尤为重要。在决定大规模投入之前，自己先尝试低成本搭建一个最小真实销售场景，来验证新产品的需求，测试新模式能否跑通。这比一上来就全面铺开的容错率低很多，也比一成不变的刻舟求剑式的做法灵活很多。比如我们在与预制菜新锐品牌"麦子妈"创始人的交谈中了解到，麦子妈在 C 端（消费者端）的第一款产品不是提前规划好的，而是为了不让自己儿子继续吃拼接牛排，所以自己用供应商发错了的一箱牛排做了一款产品。结果阴差阳错，这款产品口碑极好，一传十，十传百，麦子妈的创始人翁博成顺势把麦子妈品牌创立了起来。

打造 MVP 的方式有很多，比如快消品的小范围测试，互联网产品的内测，创建一个快闪店，甚至是用最笨的方法"人肉"跑通线上线下链路。总之，要用最低成本的方式模拟销售链路，验证真实需求。在这个过程中，你一定会有很多新发现，这是当前精益创业方法里一个非常流行的概念。还是那句话，没有人可以预测未来，"实践是检验真理的唯一标准"。只有当你的 MVP 跑通了链路，你才可以加码资源、"火上浇油"。比如微信之父张小龙在确认微信能够自然裂变之前，拒绝腾讯给微信推流。我们在没有确认新物种有内生的动力之前，切忌资源拉动，比如恒大卖水。

资源拉动容易造成虚假繁荣的错觉，容易使我们误判形势，也会极大消耗我们的资源，毕竟创业企业的子弹不多，应能省则省。

3. 寻找寄生母体

对于达尔文的进化论，大家最熟知的就是"适者生存"。没错，弱肉强食是自然界的生存法则，但是自然界中还有另一条法则，即"共生法则"。凯文·凯利在《失控》一书中谈道，自然界50%的物种都存在共生现象，物种之间相互依附、唇亡齿寒，而生态圈就是共生现象的一个宏观体现（见图6-2）。新物种作为商界的一个"新生儿"，除了要遵循竞争法则找到自己的天敌和食物链的下级物种之外，也要在"幼年阶段"找到自己的寄生母体。

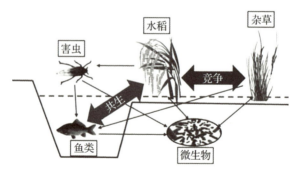

图6-2　自然界中的共生与竞争

比如燕麦奶在起步时就是绑定了咖啡这个成熟物种，才能快速复制和发展。2018 年前后，"燕麦咖啡"开始出现在大街小巷咖啡店的菜单上，并且用的都是噢麦力（Oatly）的"咖啡大师系列"燕麦奶。噢麦力没有向牛奶开战，而是抱上了咖啡的"大腿"（见图 6 - 3），与各大饮品店如星巴克、太平洋咖啡、喜茶等合作推出燕麦咖啡，在线上更是与三顿半、立顿等新消费品牌联合推出各种各样的联名礼盒。噢麦力的崛起是品牌对自然界"共生法则"的经典复刻。

图 6 - 3　噢麦力燕麦奶通过绑定咖啡完成起步

再比如一些创新药并非通过替代竞争物种，而是通过"联合用药"这个共生策略成功打入市场。这种共生策略体现了新物种的生存智慧。新物种如果想要发展壮大，除了抢夺别人的地盘，也可以抱住某个比自己强大的物种的"大腿"，比如卤蛋绑定方便面，面包绑定牛奶，厨电市场的"烟灶消"三件套，凉茶绑定火锅和烧烤, 等等。

运用共生法则的战略意图就是让消费者在购买强势物种的同时, 由此及彼, 实现连带销售。共生法则尤其适合新物种的发展初期以及小企业的创立初期, 即先通过共生物种站稳脚跟, 再通过竞争法则谋求更大的发展。比如三国时期的刘备就曾多次寄人篱下, 韬光养晦, 直至实力壮大, 三分天下。

今天商界讲究的是"竞合", 然而传统的定位理论过于强调竞争导向, 甚至排斥战略协同, 这种极端做法非常不利于小企业的起步和发展。越是小的企业、越是创新的物种, 起步阶段就越需要找到寄生品类, 结成物种同盟。所以, 在推出新品类的初期, 你不仅要知道谁是你的天敌, 而且要知道谁是你的同盟。总之, 起步靠共生, 做大靠竞争。

4. 占据香槟塔尖

在早期市场, 选择"对"的人群非常关键。占据新物种目标人群中的香槟塔尖往往可以让新物种的发展事半功倍, 有助于做大物种势能。香槟塔尖(见图6-4)通常是新物种受众中势能最高的人群, 比如行业里的资深专家、KOL 或者社会地位较高的人等。比如特斯拉没有直接从主流人群切入, 而是先从硅谷的高科技企业的领袖切入。这些高科技"大咖"不仅乐于尝试新鲜

图 6 - 4　高高在上的香槟塔尖

事物，对价格不敏感，而且最重要的一点是这些人的示范性消费效果胜过广告百倍千倍。还有什么比这些精英的选择更有说服力呢？再比如很多 OTC 药品甚至营养品在推广时，厂商也会先说服医生群体。我曾听过一个多年经营医药市场的企业家的经营心得：医院就是媒体，处方就是广告。没错！医生认可了，患者还能不买单吗？还有曾经红极一时的中国魔水健力宝，也是先从运动员群体打开市场。最近几年比较火的鲜炖燕窝也是把艺人作为一个重要的香槟塔支点。

　　越是创新的物种，跨越鸿沟的难度就越大。如果我们起步时可以占据香槟塔尖，这样就很容易借助起步的高度差成功越过鸿沟，这比水平跨越鸿沟甚至从下往上翻越鸿沟更加容易。所以，推出新物种时一定要尽可能找到撬动主流市场的关键支点，先占领高势能人群，积聚势能，一旦时机成熟便可以挥师而下，一举打开大众市场。

5. 培育新土壤

新物种需要有适宜成长的特殊土壤，否则也很难开花结果。企业做新物种常常会忽视一点，就是新物种或新业务所需要的机制、流程、文化是否与传统主业相匹配，包括在人才的任用上是否充分考虑了品牌的特殊阶段。对此，克莱顿·克里斯坦森在《创新者的窘境》一书中有详细的阐述。比如，常见的误区是在原有组织中孵化全新的甚至是具有替代性的创新业务，其结果要么是创新业务被老业务左右，资源分配过不了财务关，要么是创新业务被传统的定式思维所束缚，无法做到极致。比如诺基亚尽管发明了第一台智能手机，但资源被利润更好的功能机业务所垄断，限制了新业务的发展。比如大众、奔驰尽管也推出了新能源产品，但由于没有实现组织分立，其新能源产品和传统燃油车严重"共通"，带有巨大的燃油车烙印，无法做到极致和纯粹。再比如，国内很多儿童体育鞋服品牌由于没有独立发展，仅仅是成人的"缩小版"，这种大改小的方式也必然无法使品牌真正主导儿童体育鞋服市场。

除了老组织、老文化对新物种的羁绊，用大企业的职业经理人做新物种业务也是一个巨大的坑，因为很多职业经理人擅长的是守业，而非创业。从 0 到 1 的事和从 100 到 1 000 的事有着本质的区别，新物种需要的是能带兵打仗的将军，而非擅长守业的宰相。用大企业的流程、制度、资源配置来做创新业务，不仅无助于新业务的成功，还有可能导致揠苗助长，甚至车毁人亡。比如，笔者在创立战斗蚂蚁以来，在招人上也很看重"企业家精神"，即是否敢于创新和冒险，因为我们寻找的是能够独当一面和自我迭代的"自燃人"。很多创业公司或者正在二次创业的老公司都需要打造创业文化。创业文化是企业生生不息的原动力，也是新物种成长的必要环境。总之，在设计新物种时除了设计产品、品牌之外，打造与新物种相匹配的文化、组织、机制、人才、流程等也非常必要和关键。

6. 寻找信任状

进入主流市场之后，品牌营销面临的最大挑战不是知名度，而是信任度。如果你认为营销面临的最大挑战是解决知名度的问题，这说明你还没有破圈，业务还处于发展的早期。每个企业、每个品牌，其创始人或负责人在创业的时候都是从自己的圈子开始的。从自己的圈子开始的好处是没有信任度问题。所以很多创业者会认为营销面临的最大挑战是知名度，但其实做大物种面临的最大挑战是信任度问题。当你走出自己圈子的时候，质疑、冷漠会随之而来，因为人的心智模式是缺乏安全感的，即"为什么你不是王婆卖瓜自卖自夸""每家都说自己好，我为什么要相信你"。

所以，在早期市场我们需要抓紧时间赢取品牌的第一张信任状，以帮助新物种在未来顺利破圈，打开主流市场。这就是为什么三只松鼠说自己是坚果界的第一；麦子妈说自己得过国际大奖，连续两年登上天猫"速食菜"类目的冠军宝座；哈弗说自己是 SUV 的领导者，是国民神车、销量冠军；美国的狗粮冠军品牌说我的产品有更多的狗粮专家推荐。做品牌就是经营人心，而赢得人心面临的最大挑战就是赢得信任。

在传统定位时代，信任状通常都是客观概念，这个客观概念像岩石一样坚硬，无可辩驳。但是在人人都是自媒体的超级技术时代，信任状不再是简单的"中心化式"的信任背书，比如某个专家或者某个权威机构的推荐或认证。

在超级技术时代，用户的真实声音成为最有力的信任状。如果你是一个餐饮品牌，但是在大众点评上的评分只有三颗半星；如果你是一个"淘品牌"，但是用户差评堆积如山，那么你即使拥有所谓的光环背书，依然有可能被消费者无视甚至抛弃。所以，传统定位时代的信任状必须被重新定义。

在超级技术时代，推出新物种时必须思考如何打造 100 个甚至 1 000 个超级用户，让这批原点用户为你背书，通过强大的口碑来实现品牌的裂变和发展。这种新时代的去中心化式的信任状，才是每个新物种的最佳通行证。

7. 本章总结

把新物种的 DNA 设计好了之后，新物种是否能够顺利长大，第一步至关重要，即如何成功推出新物种很关键。在本章中，围绕这个话题，我们提出了六个战略要点。第一，"学会测量鸿沟"。也就是通过对物种成长速度的合理预判，调整资源的投入节奏。由于不同的物种进入主流市场的速度有所不同，所以正确测量鸿沟非常重要。第二，"模拟最小场景"。在重兵入局之前，我们需要先低成本搭建一个最小真实销售场景，来验证新产品的需求，测试新模式能否跑通链路。第三，"寻找寄生母体"。这尤其适合新物种的发展初期以及小企业的创立初期，即通过借力共生物种先站稳脚跟，再通过竞争法则谋求更大的发展。第四，"占据香槟塔尖"。占据新物种目标人群中的香槟塔尖，新物种就很容易借助起步的高度差成功越过鸿沟，从而发展事半功倍。第五，"培育新土壤"。新物种无法在原有的企业土壤中培育，因为新物种需要的是能带兵打仗的将军，而非擅长守业的宰相。我们需要为新物种创造一个全新的生长环境，构建与之相匹配的文化、组织、机制、人才、流程等。第六，"寻找信任状"。在新物种进入主流市场之前最重要的一件事，就是找到第一张进入消费者心智的信任状，从而帮助新物种在进入主流市场时解决信任度问题。成功实施这六个战略要点后，新物种就能顺利完成从 0 到 1 的生长，并为进入下一阶段——主流市场——做好准备。

本章点睛

推出新物种的六大要点		
1	学会测量鸿沟	● 新物种从早期市场到主流市场需要跨越鸿沟 ● 不同物种的鸿沟会有规模上的不同 ● 测量鸿沟的三个指标：天然信任度、行为简化度、产品短板度
2	模拟最小场景	● 先低成本搭建一个最小真实销售场景，来验证新产品的需求，测试新模式能否跑通链路
3	寻找寄生母体	● 自然界 50% 的物种都存在共生现象 ● 共生法则尤其适合新物种的发展初期以及小企业的创立初期。通过借力共生物种先站稳脚跟，再通过竞争法则谋求更大的发展
4	占据香槟塔尖	● 香槟塔尖通常是新物种受众中势能最高的人群，比如行业里的资深专家、KOL 或者社会地位较高的人等 ● 占据新物种目标人群中的香槟塔尖，新物种就很容易借助起步的高度差成功越过鸿沟，从而发展事半功倍
5	培育新土壤	● 最常见的误区是在原有组织中孵化新物种 ● 新物种需要的是能带兵打仗的将军，而非擅长守业的宰相 ● 需打造与新物种相匹配的文化、组织、机制、人才、流程等
6	寻找信任状	● 进入主流市场之后，品牌营销面临的最大挑战不是知名度，而是信任度 ● 在早期市场，品牌需要抓紧时间赢取第一张信任状，以帮助新物种在未来顺利破圈，打开主流市场 ● 用户的真实声音是去中心化时代最有力的信任状

// 第七章 //

裁剪新物种

如何持续增长成为每个企业家和经营者必须直面的挑战。物种创新似乎给很多中小企业带来了颠覆大象的希望，也为众多增长停滞、徘徊不前的企业找到了一条战略"捷径"。但我们想提醒大家：务必警惕创新的多元化陷阱，避免品牌落入"品牌灌木"。因为企业的资源永远是有限的，每个新兴业务都需要时间和资源去浇灌，每个赛道上也必然会有强劲的对手。如果不聚焦资源、利出一孔，必然每一个都无法做强做大，甚至不仅创新业务未能实现长足发展，还会因为分兵作战而累及主业。比如，某国内车企就正在从 SUV 聚焦战略滑向另一个极端——新物种灌木——20 多个创新业务齐头并进，企业的研发资源、人力资源都被极大稀释，主干品牌的市场份额也因此持续下滑。所以，物种创新也需要遵循合理的战略节奏，步步为营。企业一定要稳住主干，将主干作为发展新兴枝干的造血机器和强大背书；有了主干的支撑，然后再通过小范围的创新发掘出更具成长确定性的新物种，实现资源的"动态聚焦"，确保第二曲线的持续增长。物种创新最忌讳贪大求全，但也不鼓励把成功交给上帝，以赌博的心态押宝创新。时至今日，中国企业家面临的最大挑战和诱惑仍然是多元化。因此，战略聚焦仍然是物种创新的先决条件，否则盲目地进行物种创新和业务扩张，其结果必然是灾难。

1. 新物种三问之 "潜力大不大"

同时推出了多个新物种，到底哪个能成功？这是很多创业者或者企业打造新品时的最大困惑，也是战略咨询公司最大的外部价值，即帮助企业识别有潜力的新物种，然后推动企业聚焦资源，帮助企业正确配置资源。

新物种一经上市，就具有了发展的痕迹，新物种的机会和潜力也就会得到市场的初步验证。着眼于潜力，我们总结了一个简单实用的方法——"潜力三看"：

第一，看动销——发现滚动的石头。在没有加推流量的情况下，产品如果可以自然动销，说明这个产品具备内生动力。就像腾讯在微信孵化的初期坚决不给微信引流，目的就是要测试它有没有内生动力。有了内生动力，投入才值得持续加码。比如林清轩早期发现在终端自然动销最好的一个产品，是山茶花油，于是才有了企业后来聚焦放大这一单品的战略决策。再比如，我们一个做大健康的客户，他手上有十来个单品，最终我们建议他将灵芝孢子油作为聚焦发力的新物种，原因之一也是看中了灵芝孢子油的内生动力——能够自然动销。

第二，看复购。如果消费者买了还想再买，说明这不是一个风尚化的产品，有比较旺盛的生命力。比如，ubras 内衣就是个口碑很好的新物种，复购率很高，消费者也很乐意将其推荐给身边的闺蜜。但是，还有很多新物种仅仅是昙花一现。比如王饱饱，起步成绩非常亮眼，但后续很快动能不足，问题出在复购上——消费者尝鲜买了之后，由于种种原因而不想复购。这样的物种很难真正做大，是典型的风尚化的物种。另外，脏脏包、a1零食等都是此类，消费者购买就是为了拍照，不会复购，这就决定了它们只能是短命的网红产品。

第三，看推荐。消费者如果买完了还很乐意将产品推荐给身边的人，说明这是一个口碑炸裂、能够快速做大的产品。想一想，微信是如何通过微信红包实现指数级的人群裂变，然后从支付宝手里分走一半蛋糕的。

关于新物种的取舍，这句口诀能够帮你快速做出判断：起步看动销，长短看复购，做大看推荐。

不要让消费者预测未来

在新物种取舍的过程中，最忌讳的也是大多数创业者都会踩的一个大坑，就是问消费者会不会买。比如：我推出了一个什么样的新产品，你会不会买？这种问题毫无价值，因为消费者想的和消费者做的是两回事。不信你试着问自己一个问题，比如：下周会不会吃烤肉？无论你回答"会"还是"不会"，都不能代表下周你的决定，因为这种答案根本不可信。

不要试图挽救失败

看好的业务节节败退，不看好的业务却无心插柳柳成荫。那应该怎么分配资源呢？答案是放大成功。一个新业务挽救不起来，通常有两个原因。第一是掉入了红海市场，没有机会，比如恒大冰泉。第二是缺乏基因，比如煤老板要搞文化产业，传统企业想要做新消费。所以正确的做法不是挽救失败，而是放大成功。养孩子要公平，但是做企业要偏心。你即使只有一颗种子，也不要把身家全押上。这颗种子如果始终长不大，甚至都发不了芽，那就不要再浪费时间和资源了。有时候及时撤退并不意味着是逃兵，而是保存实力、东山再起的智慧，因为很多创新并不一定要证明，也有很大概率是证伪。

在实践中我们发现做加法容易，但做减法很难。你建议企业增加一个产品，大多时候很容易通过，但要砍掉一个产品乃至一项业务，则会遇到各种各样的顾虑：比如短期业绩下滑，可能产生负面媒体影响，短期工厂闲置或产能过剩，相关业务人才流失等。总之，企业总会找出一大堆理由证明砍掉这个产品或这项业务的风险。另外，创始人也很难在心理上接受失败，或公开承认失败，其最大的顾虑在于这样做是否会动摇军心，是否会影响自己的威信和领导力。某些创始人甚至会把失败归咎于管理层的错误领导或者没有竭尽全力，而不会从战略上反思这项业务的潜力和机会。

　　失败带来的危害不仅仅是持续挫伤内部信心，更重要的是失败有可能会变成企业的肿瘤，甚至引发癌变，影响整个企业的健康发展。比如某国内车企在向上冲高失败之后，正确的战略选择应该是果断砍掉高端品牌，然后把高端品牌的技术、人才、营销费用等向更具优势的主干业务输血。但是，企业的做法恰恰相反。为了挽救高端业务，不惜把最好的外观、技术和人才用在高端业务上，这导致主干品牌的竞争力持续衰退，甚至丢失多年保持的冠军宝座。就这个意义而言，失败的业务犹如一个巨大的黑洞，不断吸食和消耗企业的战略资源。

2. 新物种三问之"主导难不难"

做小池塘里的大鱼

　　在选择新物种的时候，除了要考虑物种本身的生存能力，还要判断企业对新物种的主导能力。是否能够快速主导新物种，也是企业选择新物种的一个关键判断依据。2008 年，长城为何放弃更为主流、同样也在高速增长的轿车市场，而选择聚焦小众的SUV？因为长城作为后来者，在轿车领域没有机会成为第一。

　　大池塘固然大，但是竞争激烈，小品牌没有任何话语权，往往只能在领先者制定的规则下竞争，不仅无法可持续和高质量地发展，盈利和溢价都将无从谈起，甚至当竞争进入白热化阶段，巨头的开战将会极大压缩小品牌的生存空间。其结果往往只有两个，要么成为炮灰，要么转移战场。

俗话说"宁为鸡头，不为凤尾"。小品类中的大品牌要比大品类中的小品牌更有价值。物种之王除了具有更强的品牌溢价、更稳定的市场地位之外，作为独角兽，在资本市场也享有更高的溢价。

不要刻舟求剑

在考虑竞争以及主导难度时，不能只考虑眼前的竞争，还要考虑明天的竞争。你要知道，当你看到新机会的时候，全球可能有成千上万个对手早已入局。如果你还参照今天的竞争格局来规划明天的战略，那就是典型的"刻舟求剑"。你一旦确认很难速胜，就必须为未来而战：提前锁定一个细分山头，然后围绕这个山头构建防御工事。2020年，面对巨大的新能源蛋糕，欧拉为何从一个支流市场切入？因为新能源车尽管处于品类初期，但其竞争态势已经趋于红海：前有数十个新势力品牌带着百亿元融资入场，后有奔驰、宝马、大众、丰田等若干车企巨头计划转型，而远方还有互联网、高科技巨头如苹果、华为、小米等也在计划跨界打劫。长城尽管也是一个千亿元体量的头部车企，但考虑到未来越来越激烈的竞争以及没有先发优势的现状，在电动车上，便决定先舍弃男性市场，进一步聚焦女性电动车。这就是充分考虑潜在竞争所做出的战略决策。

不要把自己当消费者

创业者往往对自己的产品抱有极大的信心。我们过去接触了很多满腔热情的创业者，他们普遍缺少理性客观的视角，谈起自己的产品和优势滔滔不绝、如数家珍，谈及对手的产品则往往不屑一顾。当你问他们有没有问过普通消费者这个产品时，大多数的回答都是没有，但他们依然坚信这个产品是行业内最棒的。这种自信固然有利于支撑创业者度过创业早期的艰难时光，但需要警惕的是，这种"自嗨式"的对产品的自信属于典型的内部视角。其存在的最大问题，是把自己当成了消费者。事实上，很多创业者并非其产品的目标消费者。创业者需要明白，真正的消费者不可能像自己一样去研究自己的产品和了解自己的优势。

3. 新物种三问之"基因符不符"

新物种必须要有适合其生长的自然环境，比如合适的温度、充足的水分和日照。每个企业都有自己的资源禀赋和能力边界，因而不是任何新物种机会都能被企业把握。比如德邦为何错失大件快递的先发战略机遇？核心在于盘账思维，向每一笔投入要回报，没有抢占消费者心智的基因和文化，甚至其严苛的财务机制成为其抢占市场的重要阻碍。比如国内领先的面品企业为何折戟高端面馆面？核心在于其县乡级的企业基因。任何新产品都将自

己的优势市场和优势渠道作为起点，县乡级的企业基因违背了高
端产品香槟塔尖的推出原则，自然难以成就高端品牌。再比如国
内某头部乳品企业深耕线下市场多年，即便看到了抖音电商的新
物种机会，也过不了组织能力关。正所谓隔行如隔山，除了可能
不具备新物种所需要的各类新资源，组织惯性、思维模式也可能
成为企业把握新物种机会的巨大阻碍。比如恒大为何做不好水？
很多造车新势力为何惨败？不是市场没有机会，只是这个机会可
能不属于这些企业。所以，在取舍新物种时，一定要考虑新物种
和自身基因的匹配程度，不可盲目创新、跨越式创新。

目前，我们正服务某汉方企业，其创始人最大的一个战略困
惑就是如何进行新产品的取舍。用创始人的话来说就是"自己养
了五个孩子，觉得各个都不错，但是只有能力把其中一个培养成
尖子生"。到底重点培养哪个"孩子"就是企业最大的战略课题。
尽管我们和企业的创始人都看好"功能酒"的新物种机会，但是
考虑到企业的资源禀赋，我们还是建议企业暂时放弃这个执念，应
在自己能力和基因的边界范围内最大化把握新物种的战略机会。否
则，任何脱离企业基因的创新，都很有可能演变成一场灾难。

4. 战略就是取舍之道

"战略"最早是军事用语，后来才被引作商业概念。那究竟

什么是战略？我们认为应该从两个层面来理解：一个是"战"，一个是"略"。

"战"是战略的底层逻辑。从战争看商业，商业的本质其实是竞争：竞争产生竞争力，竞争推动创新和发展。"略"是战略的核心与关键，意味着取舍，即决定做什么以及不做什么，或者某种意义上不做什么才是"略"的核心。我们只有舍弃没有机会的业务，才能够把我们有限的资源和兵力聚焦到有希望、有机会的主干业务上，才能够在关键处取得胜利。所以什么是战略？战略既是竞争之道，也是取舍之道。

我们遇到过很多创新企业，比如某企业依托某种原料开发出成百上千种新品，尽管企业的体量还没过亿元，但是企业内部的战略会议主题依然是如何开发更多的新品。这种创新带来的后果就是企业变得臃肿不堪，资源被极大地稀释和分散。由于没有强有力的主干，企业往往呈现灌木式发展，很难有所突破。这类企业最需要的不是创新，而是聚焦和取舍。

回到新物种创新，一个新物种要想跨越发展鸿沟，成长为一棵参天大树，离不开企业资源的战略性聚焦。企业如果没有足够的战略压强很难击穿消费者心智的屏障，很难做大新物种、主导新物种。很多企业一味做创新，但从不取舍或者很少取舍，这既是一种战略的懒惰，也是一种人性的贪婪。正如古人所说：逐二兔，不得一兔。

要想打造一个伟大的新物种，实现从蚂蚁到大象的华丽转身，企业必须学会取舍。要时刻记住，创新不是目的，创新的目的是成为新物种之王。

5. 本章总结

在新物种完成了从 0 到 1 的起步之后，企业不要急于马上做大规模的资源投入，建议先对新物种做个体检，检验这个新物种是否具备足够的潜力，以及企业是否有能力主导新物种。不要抱侥幸心理，更不要贪大求全，战略之道就是取舍之道。在本章中，我们给出了裁剪新物种的三大方法：首先要检验物种潜力，即起步看动销、长短看复购、做大看推荐；别问消费者会不会买，因为答案无效；放大成功，而非挽救失败。其次要预判主导难度，除了要考虑当前的竞争，还要预判未来的竞争。很多企业之所以起步就是红海，就在于只看到了眼前的竞争，而忽视了未来竞争的变化和发展。企业一旦确认很难速胜，就必须为未来而战：提前锁定一个细分山头，然后围绕这个山头构建防御工事。最后，还要考虑自身的基因是否与之匹配。新物种的机会很多，但并非所有的都能够被抓住，加之每个企业都有自己的资源禀赋和能力边界，因而选择正确的机会很重要。

本章点睛

		如何裁剪新物种
1	潜力大不大	• 起步看动销、长短看复购、做大看推荐 • 别问消费者会不会买，因为答案无效 • 放大成功，而非挽救失败
2	主导难不难	• 宁做小池塘里的大鱼，也不做大池塘里的小鱼 • 除了要考虑当前的竞争，还要预判未来的竞争 • 一旦确认很难速胜，就必须为未来而战：提前锁定一个细分山头，然后围绕这个山头构建防御工事
3	基因符不符	• 每个企业都有自己的资源禀赋和能力边界，不是任何新物种机会都能被把握，一定要考虑新物种机会和自身基因的匹配程度
4	战略＝取舍	• 战略既是竞争之道，也是取舍之道 • 某种意义上不做什么更重要

// 第八章 //

做大新物种

在完成了早期市场的积累并获取了第一张信任状之后，新物种要继续做大就必须进入主流市场，并在主流市场保持生生不息。从跨越鸿沟到进入主流市场，要注意以下几个要点：第一，新物种需要主动变异，以适应新的生存环境；第二，需要创造竞争，借力打力；第三，推动分化，推动新物种持续壮大；第四，需要借助文化模因的力量，最好能够发展出物种自己的文化，以进一步扩大物种以及保持物种的生命力；第五，要让物种保持生生不息，必须定期修剪物种，并遵循物种的生命法则。

1. 持续变异

很多新物种都能够顺利起步，但是在度过了婴幼期需要向主流市场发起进攻的时候，往往会遭遇滑铁卢，始终跨越不了那条看不见的鸿沟。主流市场和早期市场的生存环境不同，大部分的新物种要想成功跨越鸿沟、进入主流市场，往往都需要进行一次变异。无法成功变异的新物种，要么在跨越鸿沟时灭亡，要么退回小众市场。新物种究竟如何变异才能更好地生存和发展呢？

像病毒一样进化

2020 年，新冠疫情猝不及防地席卷了全球。一开始，病毒的原始毒株的致死率为 1.7%，经过多轮变异之后，病毒进化为传播率更强但致死率更低的奥密克戎，致死率只有 0.14%。也正是由于这个变异，奥密克戎才得以快速传播。

我们不喜欢奥密克戎，但是做大新物种，我们可以向奥密克戎学习。很多产品经理式的创始人容易陷入专家视角，以为做大市场就要有更加专业的产品。但从我们的实践和研究来看，进入主流市场、做大新物种需要像病毒学习——想要传播更快，就要"长板变短，短板变长"。如果病毒的致死率很高，那么传播率一定下降，反之，想要传播至更广泛的人群，就要和宿主共存。很多物种难以破圈也是因为太过专业，太专业了就容易曲高和寡，就容易脱离群众。比如凉茶从药饮走向大众饮料，并非在去火的功能上持续迭代，如果是那样，凉茶就退回到了传统的药饮，注定成为小众物种。王老吉在保留一定药效的基础上，解决了凉茶太苦难喝的痛点，通过"长板变短，短板变长"才摆脱了小众命运。再比如数码相机如果追求极致的成像效果，则势必售价昂贵、功能复杂，也就无法实现对主流人群的强力渗透。还比如，坦克越野也并非造给越野"老炮"的产品，坦克 300 没有在越野功能上用力过猛，而是在智能化和舒适性上进行创新和改良，同样成功出圈。还比如，从大型主机到个人电脑再到智能手机，每一次更大范围的传播和渗透都伴随着专业性能的倒退，但产品也变得更轻、更便利、更便宜。所以，我们如果想让新物种快速出圈，就要跳出专家视角，不要沉迷于技术，更不要陷入产品"自嗨"，因为大众需要的不是专家级的产品，而是一个没有明显短板的好产品。

变异出新的特性

功能变异也是自然界物种演化的一个常见现象。比如生物学家认为鸟类进化出羽毛最早是为了适应气候变化，即新的特性可以提升物种适应复杂竞争环境的能力。

功能变异在商界也比比皆是：今日头条作为信息分发软件，如今也变异出"搜索"的新功能；抖音作为一款强大的短视频娱乐软件，如今也发展出"电商"的新功能；手机作为一款通话工具，也早已变异出"拍照""办公""听音乐"等新的功能。这些变异出的新功能都极大提升了物种的竞争力，成为新物种的"增长飞轮"。

品牌延伸必死？

传统定位理论认为品牌延伸必死。事实上，这一论断过于教条了。

在今天的世界，商业创新无时无刻不在发生，然而并非所有的创新都必须启用新品牌，否则你无法解释很多互联网品牌的成功。比如，按照传统的定位理论，美团似乎应该吃喝玩乐各做一个品牌，如果教条地建议美团启用独立品牌，则会被互联网人嘲笑为不懂互联网平台的业务逻辑。事实上，美团内部对边界也有自己的理解和定义——本地生活，围绕本地生活的各类场景都是在强化这个概念。再比如，抖音做内容电商就一定要启用独立品牌吗？显然不需要，离开了抖音的电商必然做不起来，而离开了电商，抖音也很难把流量充分变现。事实上，对于很多创新没人能一开始就看清它的真正潜力，张一鸣做不到，马云做不到，我们也做不到。一项创新业务究竟能不能做起来，潜能究竟有多大，是锦上添花还是颠覆式创新，没人能一开始就看得清。

在看不清创新潜力的时候，无须冒险启用新品牌，应先打磨产品，验证潜力，比如内容电商、头条搜索。很多创新都是在过程中其真正的天花板才被看清。作为一个务实的创业者，你只能借助原有的土壤来培育新的种苗。与其较真品牌名字，不如扎扎实实把创新做好，把业务逻辑跑通。如果你验证了这项创新的潜力，是否启用新品牌就只是一个选择而已。

在验证新物种成功之后，对于是否需要启用新品牌，可以参考以下三个原则：

第一，领导者封杀新物种时，可以不启用新品牌。如果企业已经成为品类第一，面对某些场景的创新、功能的创新企业无须启用新品牌。比如每日坚果是一个新物种，三只松鼠作为坚果领导品牌，应该用老品牌尽快封杀，而非启用新品牌；龙角散最开始是一种治疗嗓子问题的药粉，面对润喉糖这一新物种，应该用老品牌直接封杀，在龙角散品牌之下推出一款治疗嗓子问题的润喉糖。这里需要注意，封杀是有时间窗口的，一旦对手已经做大甚至抢占了消费者的心智，领导者就无法再对其封杀了。

第二，新物种的核心特性需要使用老品牌的独有心智资源时，可以不启用新品牌。比如，抖音的兴趣电商，其区别于淘宝和拼多多的特性是"兴趣"，这需要借用抖音本身的"娱乐"的心智资源；云南白药的创可贴和牙膏，其核心特性都是止血，都需要用到云南白药"止血"的心智资源；小米推出的插座、电视、空气净化器等都主打性价比，需要使用小米"高性价比"的心智资源；公牛的开关也要沿用公牛插座"安全"的心智资源；等等。因此，在这些案例中，直接使用老品牌是更好的策略。这里需要区分企业一般性背书和独有心智资源。大多数成功的品牌多少都拥有"老品牌""大品牌""可靠"等心智资源，但这些属于企业的一般性背书，并非该品牌独有的心智资源，比如，用茅台品牌推啤酒、用霸王品牌推凉茶等，就是败笔。

第三，新物种与老物种具备竞争关系甚至替代关系时，必须启用新品牌。在这种情况下使用老品牌容易出现跷跷板效应，企业容易顾此失彼，既挽救不了老品牌，也无法抓住新机会。比如，可口可乐推出的健怡可乐无法抵抗元气森林的崛起；虽然奔驰、宝马也推出了电动汽车，但是电动汽车的心智首选是特斯拉等新锐；虽然诺基亚最早推出智能手机，但是苹果成为智能手机的最后赢家。

2. 创造竞争

对手越强大，你的潜力才越大。新物种顺利起步之后，如果想要谋取更大发展，就需要立一个更大的靶子，借力打力。比如王老吉早期在火锅烧烤店成功起步之后，是如何进一步走向大众市场的呢？王老吉选择了进攻以可口可乐为代表的碳酸饮料，而没有选择同样具有下火功能的龟苓膏。还是那句话，对手越强大，你的潜力才越大。王老吉针对可乐发起了猛烈的进攻，包括陈列上紧贴可口可乐，公关上针对碳酸饮料的痛点发起进攻，这才有了后来的"中国第一罐"。

为何要创造竞争？因为可以借力打力，起到四两拨千斤的战术奇效，从而引爆物种和品牌。比如阿里巴巴早期针对 eBay 发起的公关战，再比如"3Q"大战，农夫山泉与怡宝大战，抖音与微信之争，特斯拉攻击燃油车，等等，这些都是创造竞争的经典案例。当然，挑战巨头也存在一定的风险，这不仅要求企业有灵活的危机公关能力和强大的公关资源，更需要创始人有决心和魄力。

如何选择对手最考验战略，因为对手既决定了你的潜力，也决定了你的定位。原则上，一定要选择高阶对手进行关联和进攻，它可以是行业内的头部品牌，也可以是其他强势物种。总之，你需要找到一个强大的对手，然后踩着它往上走。

3. 推动分化

如何推动物种持续增长？你需要的不是简单增加产品种类，而是要推动物种分化。分化是自然界和商界发展的第一动力。比如汽车物种过去 100 多年的发展靠的就是新车型物种的推动，从最早的 T 型车到轿车，到 MPV、皮卡、SUV、跑车，以及各类新能源汽车，分化正是汽车物种持续增长的第一动力。比如"瓜子之王"洽洽如何激活物种，实现持续增长？既然五香口味的瓜子逐渐成为父辈的偏爱，那么就要通过产品创新推动瓜子物种的分化，让年轻群体也爱上瓜子。于是，洽洽推出了"山核桃瓜子""焦糖瓜子"，其大受年轻人喜爱，成为瓜子物种的增长极，驱动洽洽重拾增长。同样，哈弗在走了一段产品无效扩张的弯路之后，也开始重新按照物种的逻辑来推出新品。比如，"大狗"这样的城市越野就比之前的红蓝标奏效，"大狗"属于城市 SUV 的分化，而红蓝标仅仅是产品的加法，不仅无助于增长，反而给消费者选择带来困难。再比如短视频的持续爆发也是在早期音乐视频的起点之上逐渐朝各类娱乐内容甚至知识内容分化的，而内容生态的百花齐放进一步推动了短视频的发展。一生二、二生三，物种繁衍和物种发展都需要借助分化的力量。

另外，分化是物种的必然结果。领导者如果不能率先引领物种分化，未来将被后来者瓦解。作为物种的设计师，你需要时刻关注物种的分化趋势，按照物种的分化标准创新产品，进而产生源源不断的增长动力。

4. 形成文化

借力文化模因

人类被两种力量操控着，一种是基因，另一种是文化。文化和基因一样，通过复制得以传播。但是，基因以个体为宿主，而文化以群体为宿主，操控着我们的行为模式与购买决策。一个时期、一个群体内，总会有一种主流的文化形态被这一群体内的人追捧、模仿。比如，20世纪60年代英国的披头士文化、日本的动漫文化、美国的叛逆文化，以及如今中国的国潮文化等。而主流文化之下还会有小众文化，如国潮文化之下的汉服文化、国学文化、围炉煮茶文化等。群体文化对其中的成员具备很强的号召力。新物种如果能够搭上文化的快车，就更容易做大。比如，百事可乐在和可口可乐竞争的时候，借助美国年轻一代的叛逆精神以"百事一代"攻击可口可乐的老土和传统。香奈儿的成名与其洞见了独立女性的崛起以及女权文化的兴起有着不可分割的关系。每一个新物种都对应着一个群体，找到这一群体的文化，然后想办法借力文化，就可以获得更大的成功。

创造物种文化

新物种的最高阶段是能够形成一种物种文化，比如这两年兴起的汉服文化。一旦成为一种文化，这个物种就具备了自我复制和繁衍的能力，物种的渗透力和生命力都会显著增强。今天，每一个新物种都应该致力于将自己打造成一个文化符号。这个符号大到可以成为一国的文化符号，比如前面提到的茶文化、伏特加文化等，小到可以成为某个圈层的文化符号，比如 Lululemon 的正念文化等。基于文化趋势和物种属性，发展成物种文化，成为某个群体的文化符号，这是物种发展的最高阶段。

时代文化的趋势

放眼全球，为何"百事一代"的战略可以成功，但是很难被模仿？为何甲壳虫的"Think small."可以成功，后续一样的创意却都遭遇了失败？因为借力或者创造物种文化，必须结合当时的"文化趋势"。正因如此，美国年轻一代的独立叛逆精神才能孕育出两个杰出的案例。不同的地理区域、不同的人群，都对应着不同的文化。若想借力文化或创造物种文化，就必须结合对文化趋势的深度洞察。例如，20 世纪 90 年代的肯德基在美国市场是经济实用的快餐，但是其在刚刚进入的中国市场代表的则是洋气和时尚，在注重家庭文化的日本则代表"家人团聚"，在刚刚独立的南非则代表"民主独立"。此外，哪怕是同一地理区域、同一人群，文化也在时刻变化，因而在维护新物种领导地位的过程中，需要根据文化的变化，随时调整自己的文化标签。

为何近年来国潮品牌能够迅速崛起？是之前的本土品牌做得不够好吗？其本质是中国国家品类的崛起和年轻人开始重视与热爱中国传统文化，这是新时代的文化趋势，即东方文明的崛起和中国传统文化的复苏。基于此，各大影视作品也开始重点刻画传统文化经典，比如2023年大火的电视剧《狂飙》中男主角高启强读的正是《孙子兵法》，各大古装剧纷纷刻画围炉煮茶等，这些都进一步助推了传统文化出圈。正是有了复兴传统文化的土壤，从中国李宁到主打东方彩妆的花西子、主打东方香的观夏，众多国潮品牌才可以在今天快速崛起。总之，国潮品牌的成功正是因为站在了新时代文化趋势的浪尖上。

可复制的符号模因

如何创造具有传染力的物种文化？你需要设计一个可复制的符号模因。符号模因是一种简单且容易被模仿的仪式感符号，比如冬至吃饺子就是一种容易复制和模仿的符号模因，而茶文化的符号模因就是待客之道。近几年成长很快的酣客酱酒就在试图创造一种新的酱酒文化，比如喝酱酒的独特器皿、独特的品饮方式，这种独特的仪式感就是一种传播品类的符号模因。

仪式感是一种新型红利。这几年随着国潮文化复兴，年轻人特别推崇传统文化，并需要一种仪式感来体现对生活的热爱和对当下的尊重。比如最近大火的围炉煮茶就是一种新型的社交仪式感，最近流行的领证跟拍就是新时代的仪式感红利。谁能够在仪式感上创新和制造惊喜，谁就能更容易创造顾客和赢得人心。不仅服务业需要制造仪式感，产品品牌也需要制造仪式感。比如益达的"饭后嚼两粒"、奥利奥的"扭一扭、舔一舔、泡一泡"等这些颇具仪式感的动作，都可以强化品牌烙印，延续品牌生命力。如何创造仪式感？心理学上，仪式是一系列具有象征意义的活动，它包含活动所涉及的流程、手势、行为、文字、音乐、舞蹈等。品牌可以围绕这些方面进行仪式感的创新和设计。

总之，品牌不仅要生产出质量过硬的产品，更要为顾客制造印象深刻的体验。新物种做大的关键一步，就是要制造一系列的符号模因，让物种具有强大的传染性。

5. 定期修剪

定位理论中有一个衣柜定律，就是说我们的品牌就像我们的衣柜一样，无论一开始收拾得多整齐，隔一段时间它都会变得杂乱无序，需要定期收拾和整理。为什么呢？

因为只要我们的品牌稍微有点起色，我们就会"既要""又要""还要"，于是产品面越做越宽，卖点越加越多，结果就是一片混乱。我们的营收不见得每年都会增长，但是我们的品牌一定会变得混乱，这就是商界的熵增定律。

比如，2017 年喜茶在上海开了第一家门店，产品从 52 款精简到 6 类 23 款。最为关键的一点是喜茶把"茶"放在了最核心的位置，打着灵感之茶的口号一路高歌猛进。但 2022 年的喜茶菜单，产品种类已经增加到 74 款！而且，最大的败笔是"茶"被大大弱化了，很多产品名称中已经不再有"茶"字。与茶无关的网红产品成为核心，比如"酷黑莓桑""喜柿多多""大橘画梨""生椰芋"等开始成为招牌主打。2022 年的喜茶已经开始偏离"茶"的本质，这让喜茶开始走向浮躁和平庸，也给 tea'stone 这样更恪守茶本的新中式茶留下了重大的战略机会。面对中国最具心智资源的品类之一，喜茶本来最有机会把中国茶年轻化、国际化，这是传统茶企一直渴望但却一直难以实现的梦想。然而在资本的压力之下，喜茶也走上了网红的快车道。这恰恰是喜茶近年遇冷的核心原因，喜茶拿掉了"茶"，也将不再是喜茶。

所以企业的一把手和品牌负责人每年需要定期总结的不应该是今年又要干什么，而是今年不应该再干什么。学着砍掉多余的产品，学着去掉多余的动作，就像种树一样定期修剪一下树苗，才能让这棵树长得更好。让品牌回归纯粹、回归简单，这恰恰是新物种从树苗成长为大树的一个必要条件。

6. 本章总结

在裁剪完新物种后，我们需要把新物种推向主流市场。在本章中，我们介绍了做大新物种的五大法则。第一，"持续变异"。新物种要做大，但并非要做得越来越专业，相反，要学习病毒的进化方式，和光同尘，把长板变短，把短板变长；有的时候，新物种还需要变异出新的特性。第二，"创造竞争"。许多企业家都不喜欢竞争，在起步阶段，没有竞争是好事，但当新物种顺利起步之后，如果想要谋取更大发展，就需要立一个更大的靶子，借力打力；没有竞争要主动创造竞争，尽可能选择高阶对手进行关联和进攻，对方可以是行业内的头部品牌，也可以是其他强势物种，这是新物种做大的必经之路。第三，"推动分化"。通过"推动分化"做大新物种，时刻关注物种的分化趋势，按照物种的分化标准创新产品，让新物种产生源源不断的增长动力。第四，"形成文化"。借助文化模因的力量也是做大新物种的重要手段。群体文化对其中的成员具有很强的号召力，新物种如果能够搭上文化的快车，就更容易做大。新物种的最高阶段是能够形成一种物种文化。设计一个可复制的符号模因，是创造具有传染力的物种文化的一种有效手段。第五，"定期修剪"。品牌就像衣柜，无论一开始收拾得多整齐，隔一段时间都会变得杂乱无序，需要定期整理。企业的一把手和品牌负责人每年需要定期总结的不应该是今年又要干什么，而是今年不应该再干什么。通过对以上五大法则的理解和运用，你将能够更好地把新物种从早期市场推向主流市场。

本章点睛

	做大新物种的五大法则	
1	持续变异	● 新物种需要像病毒一样进化："长板变短，短板变长" ● 新物种有时候需要变异出新的特性 ● 品牌是否可以延伸，可以参考三个原则： ①领导者封杀新物种时，可以不启用新品牌 ②新物种的核心特性需要使用老品牌的独有心智资源时，可以不启用新品牌 ③新物种与老物种具备竞争关系甚至替代关系时，必须启用新品牌
2	创造竞争	● 新物种顺利起步之后，如果想要谋取更大发展，就需要立一个更大的靶子，借力打力 ● 尽可能选择高阶对手进行关联和进攻，它可以是行业内的头部品牌，也可以是其他强势物种
3	推动分化	● 时刻关注物种的分化趋势，按照物种的分化标准创新产品，让新物种产生源源不断的增长动力
4	形成文化	● 群体文化对其中的成员具有很强的号召力，新物种如果能够搭上文化的快车，就更容易做大 ● 新物种的最高阶段就是能够形成一种物种文化 ● 文化是动态变化的，若想借力文化或创造物种文化，就必须结合对文化趋势的深度洞察 ● 如何创造具有传染力的物种文化：设计一个可复制的符号模因
5	定期修剪	● 品牌就像衣柜，无论一开始收拾得多整齐，隔一段时间都会变得杂乱无序，需要定期整理 ● 企业的一把手和品牌负责人每年需要定期总结的不应该是今年又要干什么，而是今年不应该再干什么

第九章

新物种忠告

在前面的内容中，我们学习了如何发现新物种、如何设计新物种、如何推出新物种、如何裁剪新物种以及如何做大新物种。看到这里，你是否已经胸有成竹、跃跃欲试？别急，我们还要给各位几点新物种忠告。这些都是过去十多年我们在新物种咨询实践中总结出来的企业最容易踩的坑。

1. 发现新物种最忌讳预测市场

很多新物种之所以没有推向市场，是因为很多时候都"夭折"在了会议室。新物种"胎死腹中"的最大原因往往是企业内部算不清楚"市场账"。什么意思呢？就是财务部和所谓的战略部一定会问明年能做多少，三年后能做多大，长期天花板有多高。若算不清、核不准，企业就很难下决心。尤其是一些成熟的大企业都有非常严格的 KPI 考核制度，这种制度会成为创新业务的巨大阻碍。殊不知越是创新的物种，越需要时间跨越鸿沟，越需要时间滑翔，越需要企业带头推动，越需要教育认知，这些都不是一朝一夕能完成的，也不是坐在办公室就能算清的。如果所有的创新都要预测好市场才行动，那恐怕很多互联网创新都将不复存在。今天的创新需要的是小步快跑，你如果不将创新推向市场，可能永远都不知道它的潜力如此之大；你如果不躬身入局，可能永远都找不到撬动市场的支点。一句话，市场不是算出来的，是先驱者带头干出来的。所以，物种创新最忌讳预测市场，你唯一需要考虑的是如何创造顾客，如何持续创造顾客，直到成为新物种的主导者。

2. 设计新物种切莫"新酒装老瓶"

新物种一定要看起来不一样。要做到这点，首先你最好启用一个全新的品牌。越是创新的物种，越需要建立一个全新的认知。你的品牌若早已被贴上旧世界的标签，则会极大掩盖甚至削弱新物种的创新性。心智的特点是去同存异，如果冠以老名字，产品很容易被消费者的心智过滤。其次就是产品一定要看起来不一样，尤其是外观和包装设计一定要和老物种有所不同。比如，宝马i7的最大瑕疵就是新酒装老瓶。说实话，这款车的内饰和科技感确实非常不错，创新性也应该不输特斯拉（见表9-1），但宝马i7的最大瑕疵就是这张"双肾前脸"。消费者一看到这张老脸，就忘记了这是一款智能电动车。新物种的设计一定不能"新酒装老瓶"，这会极大抹杀新物种的创新性。新物种首先要看起来不一样，若还是原来的包装，在消费者心中就只能还是熟悉的味道。从奔驰 EQC 到宝马 i7，它们最大的败笔都是不够纯粹，无法割舍所谓的产品 DNA。你如果真的要打造一个全新的物种，那就不要让新物种成为旧物种的附庸。如果不这样，你将丢失大量的原点尝鲜者。即使你做了很多的创新，消费者也会觉得好像没有什么不同，无法用其彰显自己标新立异的身份标签。

表 9-1　特斯拉 Model S：从"电驱动"到"智能电动车"

特斯拉新物种设计	
全新的触屏体验	世界上第一个 17 英寸触屏系统
超强的加速性能	百公里加速时间为 2.6 秒
绝佳的静音体验	免去了发动机和其他机械的轰鸣声，跑起来更安静
精巧的智能化设计	当人靠近车身时会自动弹出"自动感应车门把手"以及无须转动钥匙或者按下点火按钮的"驾驶座重力感应钥匙"
快速迭代的车联网功能	可随时随地接入互联网，并且能定期更新软件和增加新的功能，例如有可能一夜之间 Model S 便会拥有在坡地行驶时的牵引力控制功能以及更强大的语音控制功能等
别出心裁的储物功能	将传统汽车发动机的位置定义成了一个"前置行李箱"
打破传统的购车模式	无须和经销商讨价还价，消费者可以直接通过特斯拉的官网或专卖店购车

3. 设计新物种切莫迷信产品质量

传统营销认为竞争的关键是事实之争。我们在咨询中经常听到企业的创始人说我的产品如何如何好。比如某车企的创始人经常在战略会议上向我们发问：假如我的车和奔驰一样好，我就卖20万元，消费者难道不买吗？

企业内部的逻辑是好的产品一定好卖，但消费者的逻辑是好卖的产品才是好产品。事实上，企业认知和消费者认知之间存在鸿沟。假如事实是赢得竞争的关键，为何坐拥长白山水源的恒大冰泉会失败？为何号称东半球最好手机的锤子手机会失败？为何历史上口味盲测更好的皇冠可乐（见图9-1）会失败？为何茅台镇的一大批酱酒扳不倒茅台？

图 9-1 皇冠可乐

　　事实之争的关键是建立在消费者是绝对理性人和产品专家的假设之上的。但现实是，认知心理学界有一个普遍共识：消费者是"有限"理性人。什么意思呢？消费者靠直觉行事，容易被情感左右，并非我们认为的绝对理性人。这也是为何众多更好的产品失败的关键。营销的实质是认知之争，而非事实之争，好的产品只有建立起好的认知才能真正胜出。

4. 推出新物种最忌讳面面俱到

　　营销中的一个常见误区就是在传播中面面俱到，希望把自己产品的卖点、优势尽可能地传递给用户，这是典型的内部思维。企业如果真正践行用户思维，就需要去了解用户的心智模式。心智模式的一个重要特点就是"心智有限"。认知心理学大师乔治·米勒提出了著名的"7±2 法则"，大意是在一个类别上大脑只能记住 5 ～ 9 条信息。

　　将"心智有限"应用到商业中有两个启示。一个启示是只有极少数的品牌能够进入消费者的心智阶梯——"心智购物清单"，而大多数品牌将被忽视。我们的咨询实践告诉我们，在很多品类里，消费者甚至只能记住 2 ～ 3 个品牌。

　　另一个启示就是我们必须尽可能地"精简"我们的传播信息，因为消费者每天都被海量的信息所包围，你的信息越复杂越容易被过滤。事实上，你说得再多，消费者能记住的也非常有限。比如产品的八大卖点、品牌的五大优势，这些东西只有企业内部的人才会如数家珍。事实上，我们的潜在消费者很多时候没有时间也没有兴趣把这些搞清楚，我们如果不能用"一句话"甚至"一个词"打动他们，将无法真正创造消费者。

所以，应用"简单法则"时应该从一则广告、一张海报、一份宣传页开始。立刻召集你的产品经理、营销团队，讨论哪些信息可以去掉或者弱化，直到提炼出最重要的一句话、一个词，这才是最有效的获客信息。

5. 推出新物种要警惕"失意者"

推出新项目时为什么祸起萧墙比遭遇竞争更危险？为什么推出新物种时一定要提防失意者？

推出一个新的代替战略或是纠正一个旧的概念或方法时，往往会产生"企业失意者"。新概念的创造者可能意识不到他们的工作或许会让那些旧概念和现状的维护者难堪。

那些失意者不会谦卑地认输，他们会撤退并隐藏起来，等待时机攻击并推翻尚未获得势力的新概念。比如每当新战略遇到挑战时，他们就会跳出来说：变革是个灾难，创新风险太大。

因此，对新项目来说，在某种程度上，祸起萧墙要比遭遇竞争更危险，要提防这些失意者。所以必要的组织分离很重要，而且企业一把手要有绝对的战略定力和决心。

6. 裁剪新物种切莫迷信短期数据

"小步快跑"甚至"千人千面"尽管成了验证战略的高阶手段，但这种方式也有一个弊端，就是可能会错杀一批有潜力的慢热型物种、放过一批容易风尚化的网红物种。

开创新物种切不可完全把新物种的"生死权"交给数据。数据尽管是客观的，但未必是真实的。比如某些趋势性的慢热型物种可能在销售数据上的表现不如某些网红物种或者风口物种，但可能前者后劲更足，而后者只是昙花一现。数据作为一种重要的手段，具有欺骗性，我们要基于底层的战略逻辑和多维度的认知挖掘进行综合研判。我们在小步快跑的同时，一定要警惕数据的迷惑性和欺骗性，避免落入风口的陷阱。

7. 做大新物种要避免流于蓝图

企业制定战略最常见的方式就是规划战略目标，然而大多数企业的战略只能算是"战略蓝图"，而非真正的战略。比如某企业的战略目标是 2025 年销售 600 万辆汽车，某家电品牌的战略目标是 2025 年前成为世界 500 强，某食用油企业的战略目标是三年突破百亿元。这些所谓的战略目标最大的问题是会把企业带入品牌延伸和盲目多元化的泥潭，其结果是企业不仅难以实现其战略目标，反而容易陷入巨额亏损。早期的春兰空调、美国的通用汽车、如今的恒大，它们陷入困境的背后都有蓝图式战略的影子。

真正的战略是如何构建一套"独一无二的运营系统"。比如宝马的战略不是成为世界第一车企，而是成为汽车里的终极驾驶机器，以及围绕这一定位形成环环相扣的运营系统。长城汽车早期的战略不是三年销售突破百万辆，而是成为全球经济型 SUV 的领导者，并以此确立了 SUV 聚焦战略。增长目标、规模目标、利润目标，这些都是经营目标，而非战略。经营目标是战略的结果，而非战略的起点。总之，把目标当战略是战略规划里最常见的误区，而"目标式战略"最大的问题是"源于蓝图、流于蓝图"，从而企业不仅难以实现所谓的战略目标，反而容易陷入同质化竞争和多元化扩张的泥潭。

8. 做大新物种切莫迷信产品加法

如何成为市场第一？告诉你一个营销界的最大误区：传统营销坚信多品类战胜单一品类、多产品战胜单一产品。但真相是什么呢？想成为中餐的第一，是占据中餐市场吗？不是，海底捞通过火锅成为中餐第一。想成为中式快餐的第一，是占据中式快餐市场吗？不是，老乡鸡通过鸡肉米饭成为中式快餐的第一。如果你认为只有餐饮这样，那你就错了！

哈弗通过 SUV 成为中国乘用车第一；

老板通过油烟机成为中国厨电第一；

茅台通过酱酒成为中国高端白酒第一；

小罐茶通过一个价格成为高端茶叶第一；

iPhone 通过一个型号成为高端智能手机第一；

理想通过一个车型成为新势力汽车第一。

传统营销人坚信整体大于部分。但我们通过实践发现，只有想得小，才能赢得大！

9. 本章总结

在本章中，我们结合过去十多年新物种咨询实践，针对新物种打造过程中容易踩的坑，总结出八大新物种忠告，希望对各位有所启发。第一，发现新物种最忌讳预测市场：市场不是算出来的，是先驱者带头干出来的。第二，设计新物种切莫"新酒装老瓶"：新物种一定要看起来不一样。第三，设计新物种切莫迷信产品质量：企业内部的逻辑是好的产品一定好卖，但消费者的逻辑是好卖的产品才是好产品。第四，推出新物种最忌讳面面俱到：基于消费者心智有限，我们必须尽可能地"精简"我们的传播信息。第五，推出新物种要警惕"失意者"：祸起萧墙比遭遇竞争更可怕。第六，裁剪新物种切莫迷信短期数据：短期数据可能会错杀一批有潜力的慢热型物种、放过一批容易风尚化的网红物种。第七，做大新物种要避免流于蓝图：真正的战略是如何构建一套"独一无二的运营系统"。第八，做大新物种切莫迷信产品加法：只有想得小，才能赢得大。

本章点睛

	打造新物种的八大忠告
1	发现新物种最忌讳预测市场：市场不是算出来的，是先驱者带头干出来的
2	设计新物种切莫"新酒装老瓶"：新物种一定要看起来不一样
3	设计新物种切莫迷信产品质量：企业内部的逻辑是好的产品一定好卖，但消费者的逻辑是好卖的产品才是好产品
4	推出新物种最忌讳面面俱到：基于消费者心智有限，我们必须尽可能地"精简"我们的传播信息
5	推出新物种要警惕"失意者"：祸起萧墙比遭遇竞争更可怕
6	裁剪新物种切莫迷信短期数据：短期数据可能会错杀一批有潜力的慢热型物种、放过一批容易风尚化的网红物种
7	做大新物种要避免流于蓝图：真正的战略是如何构建一套"独一无二的运营系统"
8	做大新物种切莫迷信产品加法：只有想得小，才能赢得大

// 第十章 //

新物种案例

1.长城坦克：反向创新典范

企业挑战

随着 SUV 告别高速增长，竞争进入红海时代，国民神车哈弗遭遇瓶颈，其市场份额持续走低，单车利润持续下滑；与此同时，肩负企业向上使命的高端品牌魏牌（WEY）不及预期，长城迫切需要寻找新的增长点和利润点来支持企业后续发展。

破局之道

第一步，找到最佳的机会点。品类是品牌背后的关键力量。长城崛起凭借的就是对 SUV 的前瞻性布局和战略聚焦。重拾增长，长城同样需要找到 SUV 中的增长极，以品类的力量带动企业的发展。当时传统 SUV 市场正呈现轿车化、大众化、电动化三大趋势，这也是所有车企争相追逐的风口。但是在风口的反方向，是否仍然存在机会？燃油车真的会彻底覆灭吗？企业研究后发现，在电动化的过程中，有一个市场将会最后消亡，这就是越野车市场。在人们的认知中越野车和电动化天然相悖，这意味着越野车不会被快速电动化。但是目前的越野车存在很多痛点，比如舒适性差、智能化程度低、做工粗糙，严重脱离行业发展。而企业如果定义清楚了一个有价值的问题，就可以开创一个有潜力的新物种。现在，这个新物种的机会就是，一款像城市 SUV 一样舒适和智能，但是又可以实现每个 SUV 车主越野梦想的硬派 SUV 车型——舒适型越野。

第二步，找到新物种的独特价值。做好品类定义之后，企业还需要找到一个钉子，把新物种的优势快速传达出去。这时企业需要的是聚焦，而不是面面俱到。通过追踪坦克的首批车主，你会发现尽管坦克拥有智能、豪华、越野等众多优势，但真正吸引消费者下单的反而是"潮玩"——一个能够彰显他们特立独行和潮人身份的标签。为此，坦克的定位没有落到常规的产品功能属性上，而是聚焦了一个心理层面的有效战术——潮玩。坦克另辟蹊径的定位方式，帮助坦克快速汇聚了潜在消费者，形成了品牌独有的价值标签。

第三步，为新物种起一个能传递卖点的名字。找到了新物种的独特价值之后，企业最好可以起一个好名字，让品牌快速出圈，进入消费者心智。这通常会成为品牌战略中最重要的创意环节。一个好的名字通常需要经过多轮创意和持续打磨。最终，坦克脱颖而出——一个可以快速反映越野特性的品牌名。后期的测试发现，坦克的传播效率远远高出同价位的 WEY，坦克让消费者过目不忘。

第四步，为新物种打造一个独特的人设。起好名字之后，企业最好为新物种打造一个清晰的人设，这样它才可以成为一个有魅力的品牌、一个有温度的物种。如何打造舒适型越野的物种人设？坦克的特点是外刚内柔，外在非常硬派，但内部非常舒适，就像一个内心柔软的硬汉。没错，这就是你看到的坦克——一个铁汉柔情的坦克。

第五步，定义品牌的产品钩。产品钩是品牌的超级诱饵，能帮助品牌持续俘获客户，成为品牌的流量入口。比如，哈弗的H6、天猫的"双11"都是各自的产品钩。坦克作为一个全新品牌，也需要打造自己的产品钩。坦克在起步时没有高举高打，而是从主流市场切入。一款15万～20万元的硬派SUV是对"牧马人"和奔驰G级的超级平替。坦克300（见图10-1）一经推出，便打爆了市场，帮助坦克快速成为中国越野车的销量冠军。

图 10 - 1　坦克 300

新物种启示

坦克推出仅1年，便帮助长城打开了20万元价格的天花板，实现了企业多年向上冲高的夙愿。坦克迅速登顶中国越野 SUV 第一，侧面巩固了长城 SUV 的领导地位，与哈弗形成协同防御态势。坦克也凭借数倍于哈弗的毛利，成为企业最重要的利润增长来源。坦克的成功对很多欲打造高端品牌、实现向上突破的企业具有重要的战略启示：不随波逐流，开辟全新战场，正是企业摆脱同质化竞争、二次冲高的战略正解。

2. 小鹿蓝蓝：数据淘金新兴物种

企业挑战

三只松鼠的坚果业务裹足不前、增长放缓导致其市值、利润双双下滑。与此同时，宠物零食"养了个毛孩"、自热速食"铁功基"等创新业务接连失败，企业亟须寻找第二增长曲线，以打破增长瓶颈，重回上升轨道。

破局之道

第一步，寻找零食市场的物种分化机会。三只松鼠先前的成功凭借的是开创并主导了互联网坚果零食。三只松鼠作为借助互联网出圈的坚果零食业唯一可以称得上的品牌，具有强大的互联网数据洞察能力。面对增长放缓，企业内部通过扫描和研判，把目光逐渐锁定在了一个新兴的赛道——婴幼儿零辅食赛道。但是要想实现真正的跨界打劫，主导这一新兴品类，必须进一步收缩焦点，因为婴幼儿零辅食依然是一个宽泛的行业概念，而不是消费者心智中的物种。婴儿和儿童的主要需求不一样，零食和辅食的用户群体不一样。这个新兴赛道中有一个蓝海中的蓝海，就是——"宝宝零食"。从"坚果零食"到"宝宝零食"，这是三只松鼠最佳的第二增长曲线。

第二步，抢占新物种的第一特性。婴幼儿零辅食之所以难以找到清晰的定位，根源在于品类过于宽泛。品类聚焦之后，定位自然容易实现。宝宝零食的第一痛点是安全问题，"零添加"正是安全零食的最好承诺。有时候，定位就是如此显而易见，创新也并不需要一个新、奇、特的概念，越简单、纯粹越有力量。

第三步，创意好的名字和视觉。相比众多对手的平庸的产品名字，宝宝零食亟须一个拥有强大品牌感的新品牌来统领市场，这是三只松鼠最擅长的"以销建品"策略——好名字＋好视觉。对于一款健康的宝宝零食，你会想起什么画面？"一只蓝色的小鹿"是不是很容易让你过目不忘？更重要的是，小鹿代表宝宝食品，蓝色象征纯粹和安全。实际上，名字没有所谓的最佳，关键是能否传递企业的战略。一个独特、简洁、蕴含战略的名字就是一个好名字。把这个名字视觉化、IP化，不仅可以加深品牌烙印，而且可以拉近品牌和用户的距离，使用户产生强大的情感共鸣，这是更高级的视觉战略。三只松鼠创意设计院通过把小鹿蓝蓝IP化（见图10-2），进而创造了一个可以比肩三只松鼠的经典IP形象，从而小鹿蓝蓝的名字和视觉实现了从产品到品牌的进阶。

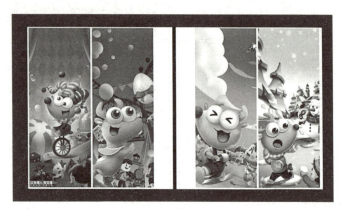

图 10 – 2　小鹿蓝蓝 IP

新物种启示

推出仅一年半，小鹿蓝蓝的销售额便突破 6 亿元，迅速成为宝宝零食界的销量第一。小鹿蓝蓝的成功极大提振了企业的信心，打开了企业的增长空间和想象空间，也给企业"跨界打劫""以销建品"提供了绝佳的成功范式。

3. 一米八八：完美演绎新物种设计

企业挑战

奶粉市场品牌林立，外有众多进口品牌，内有飞鹤、君乐宝二元格局，蒙牛旗下的婴幼儿配方奶粉呈现节节败退局面，营收、利润双双下滑。

破局之道

第一步，换道竞争，找到品类蓝海。鉴于国产婴幼儿配方奶粉初现二元格局，加之蒙牛在婴幼儿配方奶粉市场基础薄弱，蒙牛必须侧翼出击。在婴幼儿配方奶粉的外围有一个市场正在悄然发展，这就是竞争相对薄弱的儿童奶粉市场。基于当前的竞争格局和蒙牛在乳品行业的资源与实力，蒙牛完全有机会通过聚焦发力，快速冲击国产儿童奶粉第一品牌。蒙牛雅士利如果继续平均发力，甚至把宝押在婴幼儿配方奶粉上，差距将会进一步拉开，甚至可能会被踢出局。

第二步，找准新物种的第一买点。所有的儿童奶粉品牌几乎都在宣传营养。你如果是孩子的父母，在孩子长身体的阶段最关心的绝对是孩子的身高。对家长来说，孩子的身高几乎是仅次于学习成绩的第二大焦虑源。所以，儿童奶粉的第一买点是"长高"，而非宽泛的"营养"。主打"长高"可以直击家长的痛点，快速激活需求，启动品牌成长。只有聚焦一个单一概念，才能集中所有资源抢占"长高"这一特性高地。

第三步，起一个能够传递卖点的品牌名。儿童长高奶粉需要一个能够传递品牌优势的名字。在生活中，"一米八"是一个关乎身高的正面心智资产，是"大高个"的标志和代名词。每个家长都希望自己的男孩能长到一米八，因而没有什么比"一米八八"更适合作为一款主打长高概念的产品的名字了。"一米八八"在创造独特、简洁和画面感的基础之上，巧妙传递了品牌的长高特性，而且调用了生活中"一米八"这一有关身高的正面心智资源，极大地节约了传播成本。"一米八八"，名字就是定位，名字就是卖点。

第四步，为新品牌寻找一个传递战略的视觉锤。视觉锤不是Logo，也不是商标，而是蕴含战略的超级符号。在长高这一强大的特性之下，最好用一个意料之外、情理之中的符号来视觉化地表达长高的特点，帮助产品定位并将产品快速打入消费者的心智中，让品牌和产品成为行走的广告。长颈鹿绝对是动物界的身高扛把子，家长一看到这个视觉符号，就能想到品牌背后的含义，从而品牌省去了很多传播成本。

新物种启示

推出仅一年，蒙牛就凭借"一米八八"奶粉（见图 10-3）在抖音上快速起步，并超越飞鹤、君乐宝等强劲对手，一举夺得抖音儿童奶粉销量第一的宝座，两年销售额破十亿元。儿童奶粉也成为蒙牛奶粉事业部的重要利润增长点之一。儿童奶粉的侧翼奇袭极大地提振了企业的信心。"一米八八"的战略定位实践对企业突围红海市场以及新品牌从零起步具有重要的借鉴意义。

图 10 - 3　蒙牛"一米八八"奶粉

4. 凉白开：老概念移植新市场

企业挑战

今麦郎深耕下沉市场多年，一直通过低价参与竞争。找到一个能够产生溢价的新物种是今麦郎的迫切愿望，于是今麦郎把目光投向瓶装水市场。这一市场虽足够大，但竞争格局却也稳固：农夫山泉和怡宝形成二元格局，恒大冰泉投入数十亿元也没能成功建立品牌。本书之所以把凉白开作为一个重点案例，是因为它是近年来食品饮料行业通过挖掘心智资产开创新物种的一个非常有代表性的案例。

破局之道

第一步，巧妙借力认知，定义全新品类。瓶装水的品类是如何分化的呢？除了天然水、矿泉水、火山岩水等，还有没有其他分化方式？在这里今麦郎有个非常细心而出众的观察，就是中国北方的一个关于饮水的概念：白开水。在日常生活中，中国老百姓习惯将水烧开再喝，而"多喝热水"也成了人们相互关心的口头禅，甚至成为一个网络梗。今麦郎由此受到启发，瓶装水也可以分为生水和熟水。而目前所有的瓶装水都是生水，熟水是一个潜力巨大却又没有竞争的蓝海市场。今麦郎有望通过开创熟水新物种，打破农夫出泉和怡宝的二元格局，成为瓶装水的新玩家。

第二步，为新物种找到最核心的购买理由。为什么要喝瓶装熟水？企业需要给消费者一个购买理由，即使这个理由显而易见，企业也需要通过放大或外化这一理由来刺激和提醒消费者。东西方的饮食文化有所不同，西方自古有吃生食、喝冷饮的习惯，而中国人则认为吃熟食、喝熟水更为养生。基于这一普遍认知，企业就可能重新建立一个认知优势：熟水"更适合中国人肠胃"。你如果是中国人，一定会有所共鸣和触动。既然要喝水，为何不来一瓶对肠胃更好的熟水呢？

第三步，为新品牌找一个能够代表品类的品牌名。熟水在北方有一个很常见的生活化的表达，叫凉白开，意思是冷了的开水。凉白开通俗易懂，而且有着广泛的群众基础和生活印记，这是它能够在北方市场快速出圈的一个重要原因。名字就是定位，名字就是卖点。但比较遗憾的是，凉白开（见图 10 - 4）这个案例没有导入视觉锤。事实上，咨询公司曾经建议今麦郎将一个冒着水蒸气的大铁壶作为凉白开的视觉锤，但是因为种种原因这个建议没有被采纳，实在遗憾。可以预见，如果凉白开能够拥有一个传递定位的视觉锤，那么它的品牌感一定会比现在更强，它也更容易和其他跟随者如"喝开水""白开水"等拉开差距。

图 10 - 4　今麦郎凉白开瓶装水

新物种启示

凉白开上市两年销售额突破 30 亿元，成功打破了农夫山泉和怡宝的二元格局，打开了通过物种创新实现营收和利润双增长的新局面，帮助企业获得了更高的溢价能力。凉白开的成功，对于企业通过心智洞察发现新物种、打破二元格局，具有重要的战略启示。

5.欧拉猫：借助物种二象性打造魅力品牌

企业挑战

近几年，燃油车市场进入低增长甚至下滑阶段，而长城在电动车市场的布局晚于其他车企，如何将燃油车时代的领先地位复制到电动车时代，成为企业最为迫切的战略课题。

破局之道

第一步，远离竞争，界定最佳机会品类。既然电动车是未来，长城就必须进行战略性布局。谁能成为电动时代的"大众"和"丰田"，谁就有可能成为全球车企的领导者。然而，除了比亚迪之外，蔚来、特斯拉、理想、小鹏、高合等几乎所有的新势力品牌都瞄准了高端市场，经济型市场反而成为蓝海中的蓝海。长城虽然布局了欧拉电动车，但是如果仅仅将其作为平衡"双积分"的工具，将无法在新能源时代复制企业在燃油车时代的成功。

长城在新能源赛道上需要尽快确立一个主干品牌，全力争做大众型电动车的全球代表，而欧拉所处的大众市场是最佳的战略突破点。但是，欧拉在新能源赛道上也面临很大的挑战：欧拉属于市场的后进入者，尽管新能源车处于品类初期，但竞争态势已经趋于红海——若干车企计划转型，互联网、高科技巨头（苹果、华为、小米等）计划跨界打劫。基于对竞争形势的前瞻性预判，欧拉并没有从主流的男性群体切入，而是把目光锁定在了拥有中国家庭财富 75% 的决策权的新一代女性身上，开创并聚焦"女性电动车"这一全新物种，全力打造汽车界的"Lululemon"。

第二步，找到一个能够打动用户的定位概念。欧拉没有效仿经典的定位式概念，比如"女性电动车专家"或者"女性电动车开创者"，而是用了一种情感化的表达，引入猫的概念，推出各种欧拉猫，以充分借助情感的力量来打动目标用户。"最爱女人的汽车品牌"帮助欧拉猫圈了无数女粉，而且"猫"的命名方式也帮助欧拉汽车赢得了女性用户的好感和喜爱，从而引发了大量的二次传播，帮助欧拉猫成功出圈。目前，欧拉猫不仅成为女性电动车的代表，更成为女性用户热爱的魅力型品牌（见图 10 - 5）。

图 10 - 5 欧拉汽车

新物种启示

欧拉凭借女性电动车快速出圈，"黑猫""好猫"等产品一车难求，长城也成功拿到了新能源赛道的第一张门票。欧拉的成功对参与热点赛道的企业具有重要战略启示，即企业在面对一个趋势性的热点赛道时，需要尽可能地集中战略焦点，分化并抢占一个有价值的细分山头，只有这样才有可能避开竞争踩踏，成功脱颖而出。

6. 小黄条：新包装嫁接老品类

企业挑战

迪巧作为进口钙制剂的领导品牌，其主营的钙制剂型产品增长放缓，而以童年时光、澳诺为代表的液体钙产品则快速崛起，二者更是凭借液体钙好吸收的认知优势在婴幼儿及儿童市场对迪巧的线下和线上构成重大威胁。

破局之道

第一步，巧借老品类认知，打开新物种的心智潜力。尽管液体钙并非最主流的市场，但是童年时光、澳诺等液体钙已经先入为主，在妈妈群体中拥有较高的心智地位和良好的口碑。迪巧若想参与液体钙的竞争，必须进行二次创新。在对全球上游供应链进行了扫描之后，一种全新的条状剂型产品理念进入迪巧的视线。迪巧可以尝试将"液体钙"与一种新型的包装相结合来进行嫁接式创新。定义新物种的第一步是为新物种命名。借助用户心智中已有的"钙片"认知，迪巧把这个新物种定义成"钙条"，通过关联老品类的策略，成功打开了新物种的心智潜力。

　　第二步，锚定主竞争，借力打力。液体钙条的心智潜力一定来自对老品类的打击和转化。通过对童年时光的用户的深度洞察，迪巧发现瓶装的液体钙存在巨大的用户痛点，即每次使用都需要度量规格，而且家长对开瓶后的保存也存在普遍的顾虑。"不用反复度量，没有二次污染"的液体钙条便由此定义了一个占据用户心智的焦点问题。

　　第三步，名字就是卖点，品牌绑定品类。液体钙条需要一个类似于"凉白开"的名字来直接开启用户心智。既然包装是液体钙条的最大创新和卖点，那就索性围绕包装来起名字，"小黄条"（见图 10－6）于是从众多创意中脱颖而出。就像"一整根"人参水一样，名字即差异化，名字即卖点。

新物种启示

　　小黄条一经推出，便一路高歌猛进，迅速成为抖音液体钙的销量第一，上市首年销售额便破亿元，小黄条也成为迪巧有史以来增长最快的新品。小黄条带来的启示在于创新未必一定需要产品的巨大革新，有时仅仅是一个解决用户痛点的包装也可以被定义成一个全新的物种。重要的不是事实上的创新，而是能否建立一个有价值的新认知。

图 10－6　小黄条液体钙

7. 林清轩：老剂型嫁接新成分

2023 年 4 月 6 日，战斗蚂蚁创始合伙人陈颖颖与林清轩创始人孙来春进行了对话，讨论经济寒冬过后增长的春天到底何时到来（原文有删改）。

问题一：林清轩持续增长的秘籍是什么？

孙来春：我认为增长没有秘籍。你如果愿意快速增长，可以拿广告去换，可以拿创意去堆，但这种增长是没有根的增长——今年增长，明年不增长，或者这个季度增长，下个季度连品牌都找不到了。我做林清轩做了 20 年，我很喜欢那种持续的长期增长，在经济低谷时和因疫情封城时都在增长。这样，完全解封的时候也不至于一下子销售规模翻几倍。我认为那种暴增有点像爆炒，例如四川人喜欢爆炒甘蓝，就是火要大、油要多。但我不认同暴增，就像我反对在护肤品里下猛药这个护肤观念。似乎在护肤品里加点 A 醇，皱纹一夜之间就浅了，皮肤一夜之间就白了，我认为这种现象都是反人类的。我认为按照大自然的规律，我们只有把根扎深了，才能够走得远，才能够厚积薄发。所以对于林清轩这几年的增长，我认为不是林清轩会干，相反我们挺笨的。所有的微商，我们都错过了；"淘品牌"的时代，我们也错过了；现在的"抖品牌"，我们也错过了。但我们唯一没有错过的是，我们让消费者记住了林清轩有一款山茶花护肤品，它叫山茶花修护精华油（见图 10 - 7），可以修护皮肤、抗衰老，尤其适合皮肤干燥者在换季时候用。用林清轩山茶花修护精华油，用完之后皮肤滋润得会发光。实际上，产品销量能增长，是因为它能被顾客记住。顾客戴口罩，口罩把皮肤磨薄了，春天一换季的时候皮肤又痒又易过敏，这个时候用山茶花修护精华油，皮肤就变好了。以此为契机，顾客买林清轩山茶花修护精华油的时候会顺道再买

图 10 - 7　林清轩山茶花修护精华油

点面膜、卸妆油、面霜，我们的业绩就起来了。我不敢想象：如果林清轩现在有 1 000 个种类，什么都能干、什么都敢干，这会是个什么场景？少就是多，因此我们就由慢变成快了。所以我认为增长的本质是推出的产品要能够代表一个品类，且这个品类要能被别人记住，要能够和其他的主要竞争对手有差异，这才是最关键的。

陈颖颖：您说您 20 年来就干了一件事儿，就是把山茶花护肤油这个品类给做起来了。我觉得，这听起来好像是最笨的方法，但其实是最聪明的方法。依我看，无论是消费领域还是其他领域，未来还是有很多可以去打造的细分物种，或者说新物种机会。我们做了一个统计，过去三年，仅天猫"双 11"的一个榜单里就有 159 个品牌是凭借新物种快速进入各类目的前十。根据我们的测算，未来的十年会是新物种的时代、创新的时代。未来十年至少会涌现出超过 1 万个营收过亿元的新物种品牌。目前虽说会有很多的困难，但其实也有很多的机遇。现在有很多新的技术、新的渠道、新的群体，包括很多新的亚文化，在这一背景下，一批新物种和新锐品牌必然会诞生。所以，我觉得未来是属于新物种的，增长机会就在于企业如何开创并主导一个新物种。

孙来春：你的话给了我很大鼓励。十几年前，林清轩就决定把一个护肤的真相跟消费者讲明白，那就是真正的养肤是以油养肤，真正的抗衰老是以油抗衰老，因为皮肤亲油不亲水。但一般的消费者会说我擦点精华液、面霜、化妆水，从来不用面部精华油。像我们要从头教育消费者，开创一个新物种，难不难呢？非常难。但是你如果不做这个事，老是跟着别人走——别人做精华液，你做精华液，别人做神奇面霜，你做神奇面霜，甚至别人做玻尿酸，你做玻尿酸，别人做玻色因你也做玻色因，你就会发现在未来竞争中自己完全没有立足之地。这个"足"是消费者大脑中的第一记忆。与其去攻别人的城，我们损失万千，不如我们自己立一道城墙，做自己这个领域里的王者，于是我们就开创了精华油这个品类。但这个品类做起来太难了，要教育消费者。消费者说：我怎么可能用一个中国品牌？我怎么可能用精华油？我用精华液。你需要慢慢地去影响她，得慢慢来。一开始我们在店门口发试用装，白给人家都不要，之后有人过来抢，后来有人开始花钱买，再到后来大家在抖音直播间秒杀，经常是几秒钟 1 000单就没了。实际上，这种很笨的开创新品类的方法一旦成功了，你就能成为这个品类的王者。这件事是先难后易。

陈颖颖：确实是这样的，我的很多粉丝都是创业者，他们常常会问我：是不是风口来了，自己进去赚一笔钱就好？为什么要做一件这么难的事？其实我觉得刚刚您的分享对大家应该是很有启发的。对于小企业或者创业者，你如果一直做跟风的事情，可能一辈子都得打游击战。因为原有的赛道里永远都是大企业或者比你强的人，他们的资源更多。按照兵力，他们的胜算肯定会更大。但是你做新物种，就有可能弯道超车、扭转战局；就有可能建立自己的王国和壁垒；就有可能享受时间的复利。这是新物种的战略意义。

孙来春：中国美容博览会每年5月份都在上海举办，每一次都有近万个展位，有七八千个品牌。但是每过一年都有百分之七八十的品牌换一个商标又来了，因为之前的那个招商结束了，已经倒了，然后每年都得换个品牌。他们把这种逻辑叫"渣男思维"，即要多做品牌，要多创新，如果不行就马上甩掉，不要了。我认为做品牌要用百年思维，要白头偕老，要把一件事做到极致。用"渣男思维"去做，就算你很成功，但万一大家都知道你是渣男，过一段时间没人会对你真心。九阳老老实实一辈子，把豆浆机不断升级迭代，把小厨房家电做到今天这样拔尖。有一天我到家里厨房看了一下，发现全是九阳。我家以前买了一台海尔洗衣机，最近我发现家里的电视、冰箱、洗衣机、空调全是海尔的。它们给了我一个入口，之后我就相信它们一辈子。所以，我觉得每一个做品牌的企业都要用忠贞不渝的精神去对待消费者，去看待你所在的行业，这样才能走得远。

陈颖颖：我想到一个比喻，就是"糟糠之妻不可弃"，因为只有糟糠之妻才会不论你风光还是落魄都守着你，而不会朝三暮四。其实我觉得这就像做品牌，你不停地去追风口，去抓新的东西，可能一开始会享受到一些红利，但当有一天环境不好了，或者你遇到了一些问题甚至破产时，有品牌和没品牌的区别就显现出来了。如果你有一个心智资产，那这个心智资产是可以让你渡过难关的。但如果你没有，你就真的是一穷二白了。

孙来春：是的，心智资产未必这么值钱，但心智一旦建立起来了，就像糟糠之妻一样，它能保证你真到了落败的那一天你还有地方吃饭。

问题二：定位对林清轩的发展起到了什么作用？

孙来春：你发布的讲解定位的视频我每期都看，我从你的学习力和实战经验中吸收了很多营养。我觉得定位对一个企业的帮助是无法用金钱衡量的，是非常巨大的。按照军事上的说法，定位就是根据竞争对手确定我方的最有利地形。如果在古代战争中，你无法确定敌我关系、不知道对手在哪儿就贸然进军，那岂不是在拿战士的生命和国家的生死作代价。同样地，就公司层面而言，如果你不基于竞争对手来确定你方的合理地位，你怎么出兵？为何而出兵？我从 2015 年开始学习定位，感觉自己找到了一张地图。比方说我来到一个陌生的国度，想到某个地方，但我只有一个地址，语言又不通，我该怎么去？现在，我只要在车上拿出手机，打开手机上的地图软件，输入地址，导航就会指引我去。这个世界很奇妙，你只要明确了目的地，有了路线图，你想去哪儿都可以。实际上，我们很多企业都是在原地绕圈。我觉得定位让我很明确，我在知道国际品牌没做油类精华后就明确了差异，之后又明确了林清轩要以中国地道的山茶花为原料。实际上，我觉得定位在互联网时代非常有效，你跟竞争对手有差异，跟竞争对手错位竞争，就能避免浪费社会资源。我觉得定位是一个有意义的学科，它不仅是一个竞争战略，还是一个竞合战略。

陈颖颖：我觉得您讲得非常好。您非常知行合一，您想抢占山茶花修护精华油的品类之王，现在也在这么做。我相信这是林清轩能够在外国护肤品牌挤占市场的竞争背景下异军突起打造出这个品牌的一个非常重要的原因。我也相信在未来，靠着山茶花修护精华油，我们也有机会代表中国品牌走向世界。但一定要坚守住品类的心智，这个确实是不容易的。

问题三：如何实现长期的有价值的可持续增长？

陈颖颖：我觉得，实现长期的有价值的可持续增长，跟创始人的性格、心态或者信念有一些关系。你一定要是长期主义者，不能追求短期的暴利。我认为要做到可持续最关键的就是不要有那种爆发式增长的心理预期。不要追逐潮流，不要追逐风口，不要急功近利。只有摒弃了这种心态，你才能够实现可持续增长，或者说你才能够长期主导一个品类。

说到反面案例，我想到了最近爆雷的虎头局。在它非常火的时候，我们都认为它非常危险。为什么呢？第一，很多创业者或者新消费品牌都会犯这样一个错误：想得太大。产品越做越多，品类越拓越宽，然后这个品牌就慢慢地变模糊了。消费者不知道你是什么品类，你代表什么。实际上，虎头局没有一个招牌产品，一提虎头局，我什么都想不到。我去过虎头局的店铺，但不知道应该买什么。第二，跑得太快。我不知道虎头局是不是有资本的压力，所以在拼命开店，但它的心智并没有跟上开店的速度。慢慢地，它就会发现复购越来越少，排的队越来越短。第三，产品太像，即产品上的相似或者营销概念上的相似。比如说大家都在追国潮，但是却没有真正创新，国潮只是一个营销的噱头。它们并不像山茶花修护精华油，我们是有根基的，是有内核的。所以我觉得，要做可持续的增长一定要有一个预期，就是要缓慢增长。可能每年就增长几个点，但是过几年就翻了好几番。不要去追求那种爆发式的增长。有句话说得好，通常爆发力太强的事物它的持久力都会有限，其实就是这个道理。我觉得还是要花时间去深耕一个品类。就像一棵树，前面花了三至五年才长一点点，但到后面可能一两年就可以长好几米。我觉得林清轩也是在这个阶段，前面花了很长时间打基础，但是到后面爆发力会越来越强。

孙来春：你的话让我很受鼓舞。之前有一个粉丝问我：你若离开了林清轩，还能不能打败林清轩？我离开了林清轩若只是去模仿的话，我一定打不败林清轩。打败林清轩的方法就是和林清轩做出差异化，做另一个新品类才能打败林清轩，跟着做山茶花修护精华油很难成功。实际上这需要有更大的差异化，而且要有长时间的积累。你说得对，要慢慢做，增长慢点不要紧。

问题四：林清轩如何打造第二增长曲线？

孙来春：对于这个问题我还是比较慎重的。我觉得在现阶段林清轩应该把山茶花修护精华油这个品类做深、做扎实。我觉得今天应该让更多的人使用精华油，让大家知道水乳质地的精华液对皮肤的抗皱修护效果远远不及油类精华。这个教育要持久，需要通过更好的产品升级来让大家使用和相信。就像可口可乐把可乐做得很深、王老吉把凉茶做得很深，就像青岛啤酒做啤酒、茅台做酱香白酒一样。茅台到现在也没有第二增长曲线，但这没影响它成为白酒领域的王者。我认为第二增长曲线是自然而然长出来的，当企业的实力、规模达到一定程度就可以。就像当年的洽洽瓜子长出了第二增长曲线——洽洽小黄袋每日坚果。实际上，这需要有时代机遇，还要有实力。机遇到了，我们再去发力，而不是在兵力比较弱的时候分兵作战，这不是明智之举。现在应该聚焦优势兵力，把所有的科研经费都投入到油类精华上，投入到山茶花护肤品上，然后把油类精华这个新品类做大。我们认为这样就可以对得起消费者了。不要贪多、贪食，分兵作战会得不偿失。

陈颖颖：非常棒，您说出了我的心声。其实在问这个问题的时候，我自己也在思考：在打造第二增长曲线之前，我们应该想一想自己是不是有必要打造第二增长曲线，或者说是不是到了要打造第二增长曲线的时候。因为饭要一口一口吃，路要一步一步走。对于您说的要"做深做透"，多深算深，多透算透，您能回答一下吗？

孙来春：我觉得要分阶段看。比方说我们国家在社会主义初级阶段时，要做的事情是让老百姓吃饱饭。到了我们该发力的时候，我们就要参与到大国竞争中，要稳扎稳打，这实际上是一步步来的。我们上定位课的时候学过游击战，也学过侧翼战和正面战。我觉得林清轩刚刚从游击战过渡到侧翼战，目前还没到正面战，此时我们只能让自己的品牌心智占据消费者的内心，并服务好消费者。当我们进入正面战，或者到了最后的守城阶段时，我们才能抛出第二增长曲线。不能过早抛出第二增长曲线，不能对自己过度自信。因为这 20 多年来我看到无数的品牌倒下，林清轩虽然很艰难，但比它们要好，我们没有遇到下滑，一直是稳步上升。我们每年都有固定的研发预算，希望不断发现新原料，也会把新原料投入到第一代、第二代、第三代、第四代精华油产品中。目前，第四代精华油已经取得了欧盟天然化妆品认证，能够淡化约 30% 的法令纹。虽然目前我们已经达到了技术的天花板，但第五代项目组也成立了，新技术仍在迭代。我觉得我们把从第三代升级到第四代的费用拿出来做第二增长曲线是可以的，可能还不用花这么多精力。但我还是想把油类精华这个赛道做到全球领先，这样就能把竞争对手远远甩在后面。现在模仿者的产品处于第一代和第二代之间，我们已经领先两代了，那还要不要继续干？我认为还要干，要把竞争的围墙和城墙筑牢，要在行业内成为顶尖品牌。

陈颖颖：您说得特别棒，我来划一下重点。做第二增长曲线有一个很重要的指标，就是看主业还有没有潜力。我觉得毫无疑问，山茶花油的潜力几乎没有释放。先看看中国市场，中国市场上有多少人没在用山茶花油？更何况海外市场。我的粉丝说得很对，您是想做全球品牌。我也认为林清轩有这个能力，而且毫不夸张地说，哪怕现在的很多"淘品牌"、新国货品牌看起来好像更高光，但在我看来，林清轩其实是最有机会成为中国的全球品牌代表。另一个指标就是心智，即你的品类是不是已经足够代表这个品类了。我们都知道心智份额决定市场份额，通过调研我们发现：市场份额能达到30%就已经很厉害了，但前提是心智份额要达到90%。不要觉得这不可能，茅台的心智份额在90%以上，洽洽的心智份额也在90%以上，但是茅台和洽洽在它们品类里的市场份额也就30%左右。所以你的品类永远有机会。第三个指标我觉着是护城河是不是稳固。做定位绝不仅仅是做一个营销概念，有了好的产品再去做营销你才能构建护城河。为什么您这么自豪，这么有底气和安全感？因为您已经做到第四代，开始做第五代了，而模仿者的产品才到第一、二代之间。重点是要在一个点上建立自己的护城河，这样才是稳固的。

　　孙来春：我很清楚外面的市场很大，但弱水三千，只取一瓢。这是需要克制的。战略上不是要做什么，不做什么比做什么更重要。没有一个企业因为少上了一个产品或者错过了一个机会就倒闭了，反而因为干错了而倒闭的企业很多。其实大部分企业都是因为盲目推出第二增长曲线，盲目增长，才造成了真正的死亡。集中优势兵力先把一个品类做好，这才是一个更稳健、更靠谱的做法。很多人说山茶花修护精华油是一个小品类，那电动车是不是小品类？矿泉水是不是小品类？凉茶和可乐更是小品类。实际上，这个世界上最开始创新的往往是小品类，就像雅诗兰黛把二裂酵母做大，兰蔻把玫瑰做大，娇兰把兰花做大，六神花露水把冰片做大……多么小的品类！所以说我们不要贪婪，把一件小事做到最极致已经很了不起了。我很欣赏日本的永不松动螺丝，几代人就只研究飞机和航天器用的永不松动螺丝。日本还有个小餐馆，几代人就做拉面。我觉得无论做得大与小，它们在我心里都是伟大的企业。很多人什么都做，什么东西有机会就抢着去做什么，总想做成世界最大，但往往失败的就是这个群体。实际上，随着新时代的到来，有机会的品类最开始都是小的。

致敬每一位孤勇者

尽管创新看似九死一生，但不创新必然十死零生。过去几年经济增长放缓、黑天鹅事件层出不穷，尽管明天可能依旧不会很好，但我们始终相信照亮经济黑夜的那一束光必定是企业家精神——敢于冒险和勇于创新。

笔者作为创业者，对正在创业的孤勇者们的处境感同身受。创业最怕什么？是失败吗？比失败更可怕的是孤独。

第一种是不被理解的孤独。越创新的事情越不容易被理解，亲友怀疑、同事怀疑、下属怀疑、投资人怀疑，所以所有的企业家和创业者都是孤独的，很少有人能够真正理解我们。

第二种是至暗时刻的孤独。面对每一次至暗时刻，没有人知道这次能不能挺过去，但是我们还是得强迫自己做黑暗中的那一束光，带领团队从绝望中寻找希望，告诉他们我们一定能成功。

第三种是兄弟别离的孤独。一起创业的兄弟、战友常常走的走、散的散，就像电影《中国合伙人》里面的那句台词：不要和最好的朋友合伙开公司。

其实这种桥段每时每刻都在上演，这三种孤独中的每一种都让人备受煎熬，但是为了实现自己的梦想，你必须成为一位孤勇者。

这些拥有企业家精神的敢于冒险和勇于创新的孤勇者不断前行的脚步成为照亮经济黑夜的那一束束微光。让我们向每一位孤勇者致敬！

2019—2022 年天猫"双 11"新物种榜单

编号	品牌名	新物种
内衣		
1	ubras	无尺码、无感内衣
2	蕉内	果冻条空气软支撑内衣
3	有棵树	无拘束、小碳黑保暖内衣
4	内外	3D 微笑软支撑内衣
时尚鞋履		
5	百丽	黑天鹅马丁靴
6	达芙妮	方糖过膝靴
7	足力健	老人鞋
8	奥康	真皮运动皮鞋
箱包		
9	古良吉吉	猪猪包、马鞍包
10	Songmont	菜篮子包、保龄球包、月弯包
11	GROTTO	箭头包、猫神包
眼镜		
12	LOHO	超轻素颜眼镜
13	帕森	一体式黑框墨镜
运动户外		
14	安踏	年糕鞋、奶盖鞋、暖绒外套
15	李宁	极致轻量化球鞋
16	鸿星尔克	石墨烯黑科技服饰

续表

编号	品牌名	新物种
护肤		
17	珀莱雅	早C晚A，双抗精华
18	薇诺娜	敏感肌功效修复
19	玉泽	屏障修护与维稳
20	自然堂	熬夜维护
21	夸迪	5D玻尿酸焕颜保湿精华
美妆		
22	花西子	养肤粉饼
23	彩棠	三色一体高光修容
24	珂拉琪	空气唇釉、水雾唇露
母婴亲子		
25	巴拉巴拉	"全场景防护"羽绒服
26	好孩子	双向推行婴儿车、碳纤维便携婴儿车
27	戴维贝拉	摇粒绒外套
28	Babycare	人体工学腰凳、纳米银牙刷、重力学奶瓶
家庭清洁		
29	全棉时代	"保暖360°"风柔棉（保暖养肤）、植物抗菌本草棉（健康养生，目标群体为宝宝和老人）、无痕棉（无痕迹）、暖棉（加倍保暖）
30	维达	可水洗厨房纸
31	洁柔	鼻敏感乳霜保湿纸巾

续表

编号	品牌名	新物种
个人护理		
32	usmile	更适合亚洲人的电动牙刷：星光智能声波电动牙刷（IoT 生态）
33	阿道夫	零硅油洗发水
男士护理		
34	药都仁和	植物灭螨男士洁面乳
玩具		
35	泡泡玛特	手办潮玩、盲盒
36	原神	开放世界冒险 RPG
37	贝易	儿童大颗粒拼装游戏桌、大童折叠滑板车
38	弥鹿	儿童探索拼图
39	可优比	BB 熊蚕丝裤
40	布鲁可	积木人
宠物		
41	麦富迪	"纯天然"宠物食品、双拼粮品类
42	卫仕	无油烘焙鲜肉粮
43	阿飞和巴弟	益生菌猫粮 纯条猫条（0 胶质、0 淀粉、0 诱食添加剂）
44	凯锐思	功能性宠物食品、豆奶猫砂、驱虫药
45	耐威克	绿茶豆腐猫砂（植物配方）、鲜肉粮（肉蔬搭配）
家装建材		
46	TATA 木门	降噪静声（主动降噪＋被动降噪）
47	欧派	"柜门墙配"一体化设计

续表

编号	品牌名	新物种
48	九牧	健康护理智检机 语音控制智能免触马桶 智能紫外线杀菌晾衣架
49	金牌厨柜	人工虚拟智能定制
50	恒洁	智能马桶一体机 "超漩能芯动力"智能马桶
51	兔宝宝	无醛级抗菌防虫蛀难燃负离子功能板
住宅家具		
52	林氏木业	竹本植物抗菌床垫
53	顾家家居	小巧精致的电动"可达椅"
54	雅兰	深度睡眠护脊床垫
55	慕思	健康睡眠 3D 床垫
56	爱果乐	儿童健康家居
生鲜		
57	久年	大连淡干海参
58	官栈	植物奶小嫩胶
59	大希地	原切家用牛排
60	晓芹	即食海参
61	大黄鲜森	即食低脂新鲜冷冻品
62	棒棰岛	螺旋冷冻海参
63	小牛凯西	原肉整切牛排
乳饮料		
64	认养一头牛	认养模式
65	妙可蓝多	即食奶酪棒
66	原始黄金	新疆原产驼奶

续表

编号	品牌名	新物种
休闲零食		
67	比比赞	爆浆曲奇小丸子
68	王小卤	虎皮凤爪
69	沃隆	每日坚果
70	每果时光	整袋装大分量坚果
71	来伊份	新鲜零食
72	王饱饱	即食燕麦片
冲调饮品		
73	三顿半	速溶咖啡液
74	隅田川	大众的口粮咖啡、"鲜"咖啡（有香气和新鲜味道）
75	永璞	风味咖啡（白桃乌龙、抹茶、椰子等）
76	CHALI	花草茶、袋泡茶
77	Seesaw	中式新茶饮
汽车		
78	零跑汽车	"全域自研"国产纯电动 SUV（超 600 千米续航）
79	哪吒汽车	高性价比智能电动汽车
80	欧拉汽车	女性电动车
81	比亚迪	新能源、插电混动、纯电动大巴
82	小鹏	G3i：年轻人的第一辆车
轻便出行		
83	小牛电动	车机智慧互联电动车
84	九号电动	智能两轮电动车
85	绿源	液冷铅酸电动车

续表

编号	品牌名	新物种
86	野马	碳纤维摩托头盔
87	哈啰电动车	手机智能操作电动车
88	雅迪电动车	折叠电动滑板车
	汽车养护	
89	朝阳轮胎	静音抓地耐久轮胎
90	鲸特	无线手机充电支架
	保健滋养	
91	小仙炖	鲜炖燕窝
92	汤臣倍健	胶原蛋白果味饮料 成人肠道益生菌冻干粉 液体钙
93	燕之屋	即食冰糖官燕
94	老金磨方	爆浆黑芝麻丸
95	寿仙谷	灵芝孢子粉颗粒 破壁灵芝孢子粉
96	WonderLab	全能即食益生菌
97	Young Doctor	小分子胶原蛋白肽维 C 饮品
98	同仁堂	养生丸男士茶饮
99	东阿阿胶	冲泡阿胶速溶粉、养生零食
100	正典燕窝	即食冰糖燕窝
101	肌活燕窝	高浓度鲜炖即食燕窝

续表

编号	品牌名	新物种
医药健康		
102	橄榄枝健康	疫苗数字化服务
103	可复美	类人胶原蛋白敷料
104	爱康国宾	个人健康管理平台
105	敷尔佳	医用透明质酸钠修复贴
106	彩虹育儿	儿童保健医生上门服务
107	鱼跃医疗	家庭健康医疗用品
手机		
108	华为	折叠屏手机
109	荣耀	双镜头、快充
110	vivo	护眼屏、VCS 仿生光谱技术、散热
111	OPPO	"一加""Find N2"（轻薄折叠屏手机）
112	Realme	秒充
113	魅族	AR 全场景体验
电脑		
114	联想	超智能电脑
115	华为	触控全面屏电脑
116	华硕	双屏笔记本电脑
117	小米	触控翻转屏电脑
118	ThinkPad	5G 笔记本电脑
119	荣耀	全场景互通互联笔记本

续表

编号	品牌名	新物种
大家电		
120	海尔	除菌净螨烘洗一体机 聚能速热大容量节能抑菌热水器 高频自清洗油烟机
121	美的	变频远程智控除菌除螨烘洗一体机 微距嵌入式冰箱
122	小天鹅	UDG 净渍少残留大容量烘洗一体机
123	TCL	百级分区高画质电视 全域除菌净离子净化空调 变频十字门大容量冰箱
124	格力	侧吸大风量油烟机燃气灶套装 挥手智控顶吸式油烟机
125	海信	ULED 电视 高刷影音电视
126	小米	彩屏智投烘洗一体机
127	容声	无霜超薄变频嵌入式冰箱 抽屉保鲜冰箱冷柜
128	老板	变频双腔大吸力油烟机 大吸力超薄静吸油烟机
129	创维	高色准抗光超大屏电视机
小家电		
130	美的	低升糖电饭煲 低脂电压力锅 优钙降嘌呤破壁机
131	科沃斯	全自动智能扫拖洗烘集尘抗菌一体机

续表

编号	品牌名	新物种
132	添可	无线智能贴边离心速干无污染吸拖洗一体洗地机
133	小米	手持无线洗擦一体大吸力除螨吸尘器 智能升降足浴器
134	苏泊尔	多功能自动炒菜机 球釜柴火饭电饭煲
135	追觅	双贴边防卡绕防缠毛拖吸洗一体机 负离子护发恒温高速低噪吹风机
136	九阳	立体热风循环空气炸锅 双龙头双净化净水器 冰激凌果汁机
137	石头	声波震动自清洁扫拖机器人
138	云鲸	脏污自动识别自洗扫拖一体机
数码影音		
139	华为	健康监测长续航定位智能手表
140	漫步者	无线立体声耳机 挂脖式运动降噪耳机
141	B&O	全频响应空间补偿家用蓝牙无线音响 主动降噪运动防水入耳式蓝牙耳机

图书在版编目（CIP）数据

新物种 / 刘坤，陈颖颖著. -- 北京：中国人民大
学出版社，2023.11
　　ISBN 978-7-300-32262-9

　　Ⅰ. ①新… Ⅱ. ①刘… ②陈… Ⅲ. ①上市公司－企
业创新－研究－中国 Ⅳ. ① F279.246

中国国家版本馆 CIP 数据核字（2023）第 193667 号

新物种

刘　坤　陈颖颖　著
Xin Wuzhong

出版发行	中国人民大学出版社
社　　址	北京中关村大街 31 号　　　　　邮政编码　100080
电　　话	010－62511242（总编室）　　　010－62511770（质管部）
	010－82501766（邮购部）　　　010－62514148（门市部）
	010－62515195（发行公司）　　010－62515275（盗版举报）
网　　址	http://www.crup.com.cn
经　　销	新华书店
印　　刷	北京瑞禾彩色印刷有限公司
开　　本	890 mm × 1240 mm　　1/32　　　**版　次**　2023 年 11 月第 1 版
印　　张	6.625 插页 2　　　　　　　　　　**印　次**　2023 年 11 月第 1 次印刷
字　　数	115 000　　　　　　　　　　　　**定　价**　79.00 元